PASCAL AKIRA FRANK

Folge dem Schnurren und finde dein Glück

GOLDMANN

Lesen erleben

PASCAL AKIRA FRANK

*Folge dem Schnurren und finde dein Glück*

*Die 10 Weisheiten des Herrn Paul*

GOLDMANN

 Dieses Buch ist auch als E-Book erhältlich.

Verlagsgruppe Random House FSC® N001967

1. Auflage
Originalausgabe August 2019
© 2019 Wilhelm Goldmann Verlag, München,
in der Verlagsgruppe Random House GmbH,
Neumarkter Str. 28, 81673 München
Umschlaggestaltung: UNO Werbeagentur, München
Umschlagmotive: © Ruth Botzenhardt
Layout und Illustrationen: © Ruth Botzenhardt
Lektorat: Anne Nordmann, Berlin
fm · Herstellung: cf
Satz und Layout: Satzwerk Huber, Germering
Druck: Těšínská Tiskárna, A. S., Český Těšín
Printed in the Czech Republic
ISBN 978-3-442-22275-9
www.goldmann-verlag.de

Besuchen Sie den Goldmann Verlag

# Inhalt

## Katzenbesuch

Herr Paul trat in mein Leben, wie viele gute Dinge es tun: unverhofft und aus heiterem Himmel.

Es war Frühling, ich war dreiundzwanzig, studierte und lebte in einer kleinen Wohnung mitten im Odenwald. Eines Abends kam ich von der Uni nach Hause, stellte das Auto ab und wollte gerade zur Haustür gehen, da bemerkte ich eine Katze auf der Treppe.

Sie sah ziemlich mitgenommen aus, mager, das schwarz-weiße Fell strubbelig und zerzaust. Dennoch blickte sie mich aus ihren grünen Augen aufmerksam und offen an. Ich blieb kurz stehen und beugte mich zu ihr hinab, um sie zu begrüßen. »Na, wer bist du denn?«, fragte ich sie und strich ihr mit der Hand über das Fell. Sie fing an zu schnurren und drückte ihren Kopf sanft gegen meine Handfläche. »Gib gut auf dich acht«, sagte ich ihr zum Abschied und ging ins Haus.

Drinnen kam mir die Idee, dass die Katze sicherlich nichts gegen eine Kleinigkeit zu fressen einzuwenden hätte. Ich ging zum Kühlschrank, schnappte mir eine Scheibe Wurst und trat wieder vor die Tür. Doch die Katze war nicht mehr da. Ein wenig enttäuscht wartete ich, ob sie nicht vielleicht noch einmal auftauchen würde, aber sie blieb verschwunden. Also ging ich zurück ins Haus.

Ich hatte den Vorfall schon fast wieder vergessen, da bemerkte ich ein paar Tage später, es dämmerte bereits, draußen etwas auf der Veranda. Und tatsächlich, die schwarz-weiße Katze war zurück. Sie hatte es sich auf dem Feuerholz, das hier gestapelt war, bequem gemacht und lag zusammengerollt auf den Scheiten. Ich öffnete leise die Verandatür und begrüßte sie fröhlich: »Da bist du ja wieder. Willkommen auf meiner Veranda. Ich hoffe, sie gefällt dir?«

Das tat sie offensichtlich, denn die Katze wirkte ziemlich zufrieden. Als ich mich zu ihr hinabbeugte, ließ sie sich wie zuvor mit sichtlichem Genuss streicheln. Dabei fiel mir auf, dass sie wirklich nicht allzu gesund aussah. Jetzt, da ich sie näher begutachten konnte, sah ich, wie mager sie tatsächlich war. Unter dem stumpfen Fell zeichneten sich klar die Rippen ab, und alles an ihr wirkte gebrechlich. Ich bot ihr eine Scheibe Schinken an, doch sie schnupperte nur kurz daran und drehte den Kopf weg.

Nach einer Weile ließ ich die Katze auf der Veranda allein und ging wieder ins Haus. Am Morgen schaute ich als Erstes nach ihr, doch sie war weg. Am Abend aber kam sie wieder. So ging das eine ganze Weile. Tagsüber war sie unterwegs, nachts schlief sie auf der Veranda.

Die Nächte waren zu dieser Zeit noch recht frisch. Damit sie es wärmer hätte, versuchte ich, die Katze ins Haus zu locken. Doch was auch immer ich ihr anbot und so zutraulich die Katze einerseits war – sie ließ sich partout nicht nach drinnen locken. Und sie nahm auch nach wie vor nichts zu fressen von mir an.

Um es ihr dennoch ein wenig bequemer zu machen, legte ich in ihrer Abwesenheit eine Decke auf ihren Platz. Dagegen schien sie nichts zu haben, denn von da an schmiegte sie sich nachts in den weichen Stoff.

Dann, nach etwa zehn Nächten auf der Veranda, kam die Katze zum ersten Mal in meine Wohnung. Ich aß gerade zu Abend, da schlich sie zaghaft durch die offene Verandatür hinein. Ich tat, als hätte ich nichts bemerkt, und aß ruhig weiter, damit meine Besucherin Zeit hatte, in aller Ruhe die Wohnung zu erkunden. Sie schnupperte hier und da, vom Sofa ging es zum Tischbein, am Fernseher vorbei Richtung Küche und Bad. Als sie eine Runde durch die ganze Wohnung gedreht hatte, sprang sie schließlich auf meinen alten Ledersessel, leckte sich ausgiebig das Fell, rollte sich zu einer Kugel zusammen und schlief ein. Sie hatte ihren neuen Schlafplatz gefunden. Und ich einen neuen Mitbewohner.

Mich interessierte natürlich, wer mein neuer Mitbewohner eigentlich war, und so fing ich an, in der Nachbarschaft nach der schwarz-weißen Katze zu fragen. Hier und da wusste jemand etwas, und so ergab sich schließlich folgendes Bild: Die Katze hatte einem älteren Ehepaar aus meiner Straße gehört, das vor einiger Zeit in eine weiter entfernte Seniorenresidenz gezogen war. Die Katze hatten sie einfach zurückgelassen. Seitdem hauste sie auf sich allein gestellt auf der Straße.

Es war ein Kater. Er hieß Paul.

## Herr Paul zieht ein

Ich nannte ihn von Beginn an »Herr Paul«. Das schien mir passend. Nicht nur war der Kater offensichtlich bereits ein wenig betagter, sondern er hatte auch eine ausgeprägt eigenwillige Persönlichkeit: Er war es, der mich und meine Wohnung als sein neues Zuhause gesucht hatte, und nicht umgekehrt.

So sehr ich mich über seine Anwesenheit freute, so sehr machte ich mir auch Sorgen um Herrn Paul. Das Katzenfutter, das ich ihm auf den Küchenboden stellte, rührte er nicht an, er schien immer magerer zu werden, sein Fell war weiterhin stumpf und er selbst durch und durch lethargisch. Den größten Teil des Tages verbrachte er schlafend auf seinem Sessel. Wenn er sich dann doch mal zu einer Tour durch die Nachbarschaft aufraffte, ging er langsam und kraftlos.

Also brachte ich Herrn Paul ziemlich bald zu einer netten Tierärztin. Ein kurzer Blick ins Maul genügte, um festzustellen, was mit dem Kater los war: Fast alle seine Zähne waren stark entzündet. Herr Paul, der die Untersuchung seelenruhig über sich ergehen ließ, bekam eine Narkose, und alle Zähne bis auf drei wurden gezogen. Abgesehen davon stellte die Tierärztin fest, dass Herr Paul etwa zehn Jahre alt war und sich damit im fortgeschrittenen Katzenalter befand.

Nachdem er sich von der Narkose erholt hatte, lebte Herr Paul sichtlich auf. Seine Lethargie war wie weggeblasen, er fraß mit großem Appetit und wurde zunehmend munter und unternehmungslustig.

## Ein neues Leben

Wie sehr mich das Leben mit Herrn Paul in den kommenden Jahren prägen sollte, davon hatte ich zu Beginn keinen blassen Schimmer. Eine Katze zu haben bedeutet, die Welt mit anderen Augen zu sehen. Ich hatte nie zuvor eine Katze besessen, auch kein anderes Haustier. Die Erfahrung war also völlig neu für mich.

Ein bestimmter Umstand ließ mich aber schon gleich zu Beginn unserer Beziehung erahnen, welche große Wirkung Herr Paul auf mich haben sollte. Als er in mein Leben trat, hatte ich nämlich eine ausgeprägte Katzenhaarallergie. Ich schniefte, schnupfte und tränte, wenn Herr Paul in der Nähe war. Doch interessanterweise machte mir das in diesem Fall überhaupt nichts aus. Es war mir einfach egal. Oder nein, genauer: Die Liebe zu Herrn Paul war schlichtweg größer als die Bedenken um mein eigenes Wohl. Ich streichelte ihn von Anfang an ausgiebig und ließ ihn stundenlang auf meinem Schoß sitzen, während ich seinem leisen hingebungsvollen Schnurren lauschte. Und siehe da: Mit der Zeit ging die Allergie von allein weg.

Liebe überwindet eben alles. Sie ist die stärkste Kraft im Universum. Auch wenn das kitschig klingen mag, es ist nun einmal so. Herr Paul lehrte mich diese Erkenntnis früh.

Später kamen noch viele weitere hinzu. Um sie geht es in diesem Buch. All das, was Herr Paul mir beigebracht hat, möchte ich hier weitergeben, damit wir alle so zufrieden und gelassen werden können wie dieser wundervolle Kater.

## Die Buddha-Katze

Fast zeitgleich mit dem Einzug von Herrn Paul hatte ich begonnen, mich für den Buddhismus zu interessieren. Ich las alles darüber, was mir zwischen die Finger kam. Die alten Zen-Meister mit ihren tiefen Einsichten in die Natur des (Mensch-)Seins wuchsen mir mit der Zeit besonders ans

Herz; allen voran Huang-Po, der im neunten Jahrhundert n. Chr. in China lebte, Bankei Yotaku, Hakuin Ekaku und natürlich die »verrückte Wolke« Ikkju. Sie wurden meine spirituellen Lehrer, ihre Worte öffneten mir die Welt neu.

Nach und nach dämmerte es mir jedoch, dass ich noch einen anderen spirituellen Lehrer hatte, der mir zeitlich und räumlich weitaus näher war als die seit vielen Jahrhunderten toten asiatischen Meister. Jemanden, der quicklebendig auf vier Pfoten durchs Leben tapste, dem ich Katzenfutterdosen öffnete und der einen Großteil des Tages schlafend auf der Couch verbrachte: Herr Paul.

Herr Paul wurde meine ganz persönliche Buddha-Katze. Wie alle wahrhaften Meister lehrte er dabei vor allem durch seine Art, die Dinge zu sehen und sich in der Welt zu verhalten. Worte waren dafür völlig unnötig. Es war, als wüsste er intuitiv, dass sich durch Sprache ohnehin keine wirkliche Erkenntnis vermitteln lässt. Und im Zweifelsfall tut es auch ein Miau. So zeigte mir Herr Paul mit seiner stillen Katzennatur, wie einfach man sein Glück finden kann, wenn man nur dem Schnurren folgt.

Und jetzt geht es los mit den zehn Weisheiten des Herrn Paul.

# 1. Weisheit
## Mit jedem Schnurrhaar im Hier und Jetzt sein

Wenn Katzen Meister darin sind, im Hier und Jetzt zu sein, dann war Herr Paul Weltmeister. Unangefochten und über jeden Zweifel erhaben. Bis heute bin ich keinem Wesen begegnet, das die Kunst des Im-Augenblick-Seins auch nur annähernd so gut beherrscht wie dieser Kater. Was er auch tat, ob er auf seinem Sessel als schwarz-weiße Kugel zusammengerollt schlief, den Garten erkundete oder auch einfach nur aus dem Fenster schaute – er tat es mit seinem ganzen Sein, vom Schnurrhaar bis zur Schwanzspitze. Denn das bedeutet im Hier und Jetzt zu sein: Voll im gegenwärtig stattfindenden Augenblick zu sein und gedanklich nicht in die Zukunft oder die Vergangenheit zu schweifen.

Wenn Herr Paul etwa Katzenfutter fraß, dann bestand sein ganzes Wesen in diesem Augenblick nur aus Fressen, nichts anderem. Und mehr noch: Während er fraß, hatte ich manchmal den Eindruck, als gäbe es nicht mal die Möglichkeit, dass er außer fressen jemals noch irgendetwas anderes tun könnte. Alles an ihm – sein ganzer kleiner Katzenkörper, jedes einzelne Schnurrhaar – war dann so sehr auf den Napf vor ihm ausgerichtet, dass es schien, als seien der Kater, der Napf und der Akt des Fressens in Wirklichkeit eins.

In puncto Nahrungsaufnahme lagen Welten zwischen Herrn Paul und mir. Während er beim Fressen also voll und ganz bei der Sache war, schaufelte ich mir meine Mahlzeiten häufig nur nebenbei in den Mund, während ich fernsah oder las. Überspitzt könnte man sagen, dass meine Aufmerksamkeit allem galt, nur nicht dem, was ich mir da einverleibte. Oder andersherum: Beim Essen war ich überall, nur nicht im Hier und Jetzt. Damit hatte ich eines nicht verstanden, was für Herrn Paul anscheinend völlig klar war:

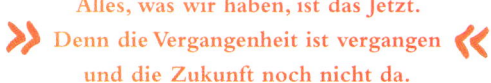

**Alles, was wir haben, ist das Jetzt. Denn die Vergangenheit ist vergangen und die Zukunft noch nicht da.**

Während Herr Paul diese Erkenntnis verinnerlicht hatte und aus ihr heraus lebte, fällt uns Menschen das oftmals schwer. Wir verstehen sie zwar rein von unserem Verstand her, aber es fällt uns schwer, nach ihr zu handeln.

Warum das so ist? Zum Teil ist unser hoch entwickeltes Gehirn dafür verantwortlich. Mit seiner Hilfe können wir uns Situationen und Dinge vorstellen, die nicht in der Gegenwart stattfinden. Evolutionär gesehen hat das natürlich große Vorteile, weil der Mensch so etwas planen konnte, das sich erst in der Zukunft ereignete. Eine groß angelegte Mammut-Jagd zum Beispiel. Diese Vorstellungsgabe hat aber auch einen entscheidenden Nachteil, denn sie bedeutet, dass wir generell die Fähigkeit besitzen, uns über Vergangenheit und Zukunft Gedanken (oder meistens Sorgen) zu machen.

Und das ist so brisant, weil wir immer, wenn wir ins Gestern oder Morgen abdriften, nicht wirklich im Jetzt sind. Der aufwühlende Film vom Vorabend, das aufreibende Jahresgespräch mit dem Vorgesetzten letzte Woche oder auch die Sorge vor dem bevorstehenden Zahnarztbesuch – wann immer wir in Gedanken abschweifen, verliert unsere Gegenwärtigkeit an Gewicht. Wir sind zwar dann noch körperlich anwesend, aber unser Geist befindet sich in einem »Anderswo«, in einem »Früher/Später«.

Aber ist es denn nicht wundervoll, Tagträume zu haben, sich ein schönes zukünftiges Ereignis auszumalen oder sich an eine freudige Situation aus der Vergangenheit zu erinnern? Ja, ja und ja. Es ist nicht nur angenehm, sondern sogar wichtig und gut, denn Tagträume etwa erfüllen eine wichtige Funktion für unser Bewusstsein. Sie wirken als ein Ventil im oftmals stressigen Alltag und erlauben es, der Kreativität freien Lauf zu lassen.

Problematisch wird es nur, wenn wir nicht ablassen können von diesen Gedanken und Bildern und vor lauter Tagträumen gar nicht mehr mitbekommen, was genau in diesem Moment um uns und in uns stattfindet. Und genau das ist leider nur allzu häufig der Fall. Hinzu kommt, dass viele dieser Vorstellungen, in die wir da abdriften, oftmals keinen freudigen, sondern einen düsteren, schmerzhaften oder sorgenvollen Beigeschmack haben: der peinliche Vorfall, für den wir uns noch heute schämen, der Streit mit einer uns nahestehenden Person, bei dem verletzende Worte fielen, oder die bald anstehende Präsentation auf der Arbeit, bei der wir vor einer größeren Menschenmenge sprechen müssen.

Wenn solche Gedanken sich in unserem Bewusstsein festsetzen, dann kann der Augenblick noch so schön sein – wir können ihn nicht genießen.

Ein Beispiel: Wir sind nach einem langen, beschwerlichen Aufstieg auf einer Bergspitze angekommen, die Sonne scheint, die Luft ist rein, die Aussicht großartig und wir sind umgeben von Freunden. Der Augenblick ist eigentlich perfekt. Nichts spräche dagegen, ihn bewusst zu erleben und aus vollem Herzen zu genießen. Doch was tun wir stattdessen? Wir denken schon über den Abstieg nach, fragen uns, welche Route wohl die schnellste ist, ob wir noch genug Benzin im Tank haben, auf welcher Strecke mit Stau zu rechnen ist etc. Wer kennt so etwas nicht?

Herr Paul ganz offensichtlich. Und ich bin überzeugt, dass es nicht an der Größe seines Katzenhirns lag, das ihm womöglich nicht erlaubte, an vergangene oder zukünftige Ereignisse zu denken. Vielmehr glaube ich, dass Herr Paul schlicht wusste, dass wirkliches Glück nur im Hier und Jetzt zu erfahren ist und nirgendwo sonst.

Wenn man wie er ganz im gegenwärtigen Augenblick ist, dann genügt schon eine Kleinigkeit, um tiefe Freude zu empfinden: ein Windhauch, der über die Haut fährt, ein Sonnenstrahl, der durch die Wolken bricht, ein Lachen, das uns ins Ohr dringt. Oder eben: ein Kissen, auf dem man sich zusammenrollen kann, ein leerer Karton, der zum Erkunden einlädt, eine Hand, die sanft übers Fell streicht. Aber eigentlich braucht es nicht mal das. Denn wer wirklich ganz im Hier und Jetzt ist, muss überhaupt nichts tun, um sich glücklich und von Freude erfüllt zu fühlen. Es reicht, einfach nur zu sein. Und genau darin war Herr Paul unangefochten die Nummer eins.

Stundenlang konnte er einfach nur still dasitzen oder auf der Couch liegen. Dabei strahlte er eine tiefe Ruhe aus, die sich auch auf mich übertrug. Dieses Gefühl kennt vermutlich jeder, der eine Katze hat.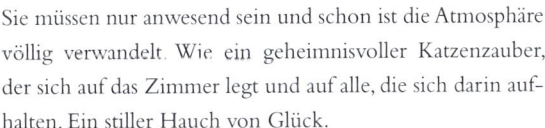

Sie müssen nur anwesend sein und schon ist die Atmosphäre völlig verwandelt. Wie ein geheimnisvoller Katzenzauber, der sich auf das Zimmer legt und auf alle, die sich darin aufhalten. Ein stiller Hauch von Glück.

Immer wenn ich von diesem Zauber berührt wurde, fragte ich mich, ob ich auch lernen könnte, so wie Herr

Paul im Hier und Jetzt zu sein. Tatsächlich gab mir meine Buddha-Katze hierzu einen guten Tipp: mit Meditation. Je länger ich mir Herrn Paul so anschaute, desto mehr hatte ich das Gefühl, dass er eben damit einen Großteil seines Tages verbrachte und dass dies der Hauptgrund für seine Fähigkeit war, ganz im Augenblick zu sein. Er hatte sogar so etwas wie eine bevorzugte Meditationshaltung, nämlich wie die große Sphinx in Ägypten. Stundenlang saß er in dieser Position still da und schien sich dabei in tiefer innerer Versenkung zu befinden.

Also versuchte ich, es ihm gleichzutun. Und siehe da: Die Meditation half mir, im Hier und Jetzt anzukommen. Dass sie das tat, ist eigentlich nicht erstaunlich, denn seit Jahrtausenden ist zu meditieren einer der traditionellen Wege, um genau das zu üben und zu lernen. Bei der Meditation geht es im Kern nämlich darum, voll und ganz im Jetzt zu sein, indem man sich dem gegenwärtigen Augenblick mit seinem ganzen Sein hingibt.

# MEDITATION IN MAUSESCHRITTEN

Meditieren ist nicht schwer. Schau mich an, als Katze kenne ich mich damit aus. Wir sind nämlich Weltmeister im Meditieren. Ihr Zweibeiner tut euch damit häufig etwas schwerer, deshalb gebe ich dir hier einmal eine kurze Anleitung, damit du sofort loslegen kannst, wenn du magst. Übrigens: Fünf Minuten reichen für den Anfang völlig! Fang ruhig in Mauseschritten an.

1. Setz dich hin. Gerne auf einen Stuhl oder auf den Boden mithilfe eines Meditationskissens. Welche Haltung du wählst, ist eigentlich egal, Hauptsache, sie ist bequem. Achte nur darauf, dass deine Wirbelsäule gerade aufgerichtet ist. Sie sollte weder durchgedrückt noch gekrümmt sein, sondern sich in einer natürlichen Balance befinden. Der Kopf ist in einer Linie mit den Schultern, das Kinn sinkt leicht zur Brust, der Mund ist geschlossen. Die Augen kannst du schließen oder offen lassen, wie du möchtest. Für viele ist es aber am Anfang mit geschlossenen Augen einfacher. Ich mache sie auch meist zu.

2. Richte deine Aufmerksamkeit nun auf den Atem. Das Atmen geschieht immer im Hier und Jetzt, deswegen bist du automatisch mit deinem Bewusstsein in der Gegenwart, wenn du dich auf deinen Atem konzentrierst. Du brauchst den Atem nicht zu regulieren, lass ihn einfach kommen und gehen, wie er möchte. Versuche aber möglichst in den Bauch zu atmen: Beim Einatmen hebt sich die Bauchdecke, beim Ausatmen senkt sie sich. Das fühlt sich gut an und beruhigt dich automatisch. Bleibe mit deiner Aufmerksamkeit bei dieser Bewegung der Bauchdecke.

3. Immer wenn du merkst, dass deine Gedanken abschweifen und du mit deiner Aufmerksamkeit nicht mehr beim Atem bist, hole dich einfach sanft ins Hier und Jetzt zurück. Das geht, indem du deine Aufmerksamkeit wieder auf den Atem richtest. Sei nicht enttäuscht oder ärgere dich nicht, wenn du das am Anfang immer und immer wieder machen musst. Das ist ganz normal und Teil der Übung. Genau darum geht es nämlich beim Meditieren: sich stets aufs Neue wieder in die Gegenwart zurückzuholen. Das ist alles.

Letztlich ist das Im-Hier-und-Jetzt-Sein eine Frage der Hingabe. Wir müssen loslassen und uns ganz dem Augenblick hingeben, wenn wir wahrhaft gegenwärtig sein wollen. Dafür ist es nötig, sich unvoreingenommen auf das einzulassen, was jetzt, in diesem Augenblick passiert – mit der Weite unseres offenen Herzens.

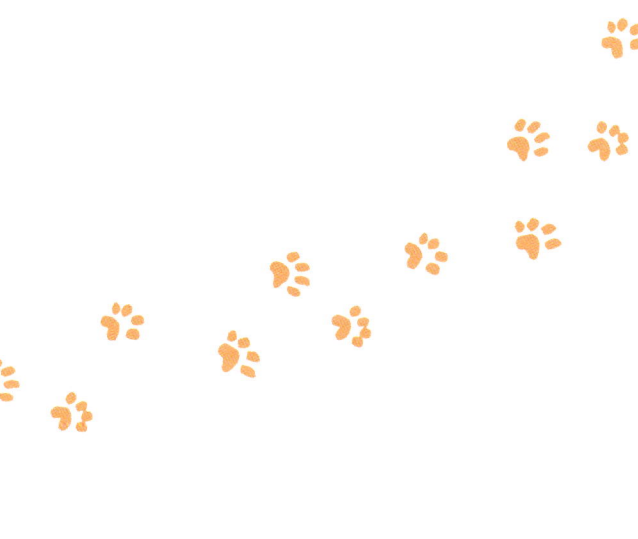

# 2. Weisheit
## Spielen wie ein kleines Katerchen

So alt Herr Paul auch sein mochte, zum Spielen war er definitiv jung genug. Ob er rollenden Bällen hinterherjagte, mit einem Papierknäuel auf dem Boden kämpfte oder mit meiner Hand raufte – Spielen gehörte für ihn einfach zum Leben.

Ich hatte oft den Eindruck, dass Herr Paul mir mit seiner Ausgelassenheit etwas mitteilen wollte. Etwa wenn ich auf dem Sofa saß und er mitten auf dem Boden des Wohnzimmers die kleine Aufziehmaus jagte, die meine Schwester ihm geschenkt hatte. Manchmal steigerte er sich dabei so sehr in sein Spiel hinein, dass er auf dem Boden entlangrobbte, die Maus in seiner Katzenschnauze. In diesem Moment schien sein ganzes Wesen, jede Faser seines Seins aus purer Freude zu bestehen. Wenn er dann zu mir hinüberschaute, schien er mir zu sagen: »Hey, was sitzt du da so trüb auf dem Sofa herum? Bist du mal wieder gelangweilt oder machst dir Sorgen? Du checkst es echt nicht. Schau mich an, hab Spaß!«

Ich habe lange gebraucht, bis ich verstanden habe, was mir Herr Paul mitteilen wollte. Aber irgendwann kam der Tag, und es machte »klick«: Ich sah ihn wie sonst auch auf dem Boden in einer verrückten Pose mit der Aufziehmaus kämpfen. Völlig außer sich vor Freude lag er wie ein Otter, der eine Muschel knacken will, rücklings auf dem Parkett. Da hatte ich plötzlich so etwas wie ein kleines Satori – so wird im Zen-Buddhismus ein kurzer, flüchtiger Einblick in die wahre Natur der Realität genannt –, denn aus heiterem Himmel verstand ich einen wichtigen buddhistischen Gedanken:

 **Zu existieren ist ein großes Geschenk und Freude unsere wahre Natur.**

Das war es, was mir Herr Paul durch sein Spiel mitteilen wollte. Ganz einfach. Ich sollte nicht die ganze Zeit nur auf dem Sofa herumhängen – noch dazu häufig gelangweilt –, sondern anfangen, Freude in mein Leben zu bringen. In Wahrheit war ich nämlich nicht allzu gut darin, Freude zu empfinden und glücklich zu sein. Dafür war ich viel zu sehr in meinem Kopf statt in meinem Herzen. Zu sehr in meinen Gedanken statt im Hier und Jetzt. Und deswegen fiel es mir auch so unendlich schwer, das Leben als das zu erkennen, was es ist: ein unfassbar großes Geschenk.

Für das Geschenk der menschlichen Existenz gibt es im Buddhismus ein schönes Bild: Als Mensch auf die Welt zu kommen ist aus dem Grund so unendlich kostbar, da die Wahrscheinlichkeit hierfür verschwindend gering ist. Nämlich in etwa so groß wie die Wahrscheinlichkeit, dass eine Meeresschildkröte beim Auftauchen ihren Kopf zufällig durch ein Seil steckt, das als kleiner Ring auf dem Wasser treibt.

Nun war Herr Paul nicht mal ein Mensch, sondern nur ein kleiner schwarz-weißer Kater. Und dennoch hat er in meinen Augen das Geschenk der Existenz besser verstanden als die meisten Menschen. Wir sind uns nämlich oft gar nicht bewusst, wie unwahrscheinlich es ist, wie großartig und was für ein komplettes Wunder, dass wir überhaupt existieren.

# EINS, ZWEI, DREI –
# UND DU SCHLÜPFST
# AUS DEM EI

Du findest nicht, dass deine Existenz sehr unwahrscheinlich ist? Dann überleg doch mal, was alles nötig war, damit du das jetzt lesen kannst: Das Universum brauchte vom Urknall an knapp zehn Milliarden Jahre, um unsere Erde hervorzubringen. Ganz schön lange, nicht wahr? Aber das ist ja noch lange nicht alles, denn die Erde entwickelte sich zu einem jener seltenen Planeten, die Wasser und eine Atmosphäre haben und die Sonne in genau der richtigen Entfernung umkreisen, dass es weder kochend heiß noch klirrend kalt ist. Damit bringt sie alle Voraussetzungen mit, um Leben entstehen lassen zu können. Und dazu kam es dann auch, vor knapp vier Milliarden Jahren.
Dieses Leben wiederum entwickelte sich im Laufe von Milliarden von Jahren von den allereinfachsten Lebensformen zu immer komplexeren, bis schließlich der Mensch die Bühne betrat. Das war vor

etwa dreihunderttausend Jahren. Stell dir nun vor,
wie viele Generationen von Menschen seitdem
existierten – geboren wurden, aßen, schliefen,
lachten, tanzten, sich vermehrten, alt wurden und
starben –, bis sich schließlich nach langer, langer,
wirklich sehr langer Zeit unter siebeneinhalb
Milliarden Menschen genau zwei Menschen trafen,
die sich offensichtlich ziemlich gut fanden:
deine Eltern.
Sie machten das, was viele Menschen machen,
die sich gegenseitig gut finden. Dabei schaffte es
unter Millionen von Samenzellen genau eine,
dahin zu kommen, wo alle anderen auch hinwollten.
Et voilà – neun Monate später –, da bist du!

Und? Findest du nun nicht auch, dass in dem buddhistischen Bild der im Meer auftauchenden Schildkröte sehr viel Wahrheit liegt? Es kommt wirklich einem Wunder gleich, dass es uns gibt. Mehr noch: dass wir Menschen sind. Genauso gut hätten wir ja auch als eine andere Lebensform – beispielsweise als ein Baum, eine Biene oder auch eine schwarz-weiße Katze – auf die Welt kommen können.

Auch wenn uns bewusst sein sollte, wie wertvoll unsere Existenz ist, verschwenden wir im Alltag häufig keinen Gedanken daran. Zugegeben, das ist vielleicht auch ganz gut so, denn es wäre hier ziemlich hinderlich. Im Job wären wir vermutlich nicht allzu produktiv, wenn wir die ganze Zeit über dächten: »Was für ein großartiges Wunder es ist, dass ich existiere.« Im Straßenverkehr wäre es sogar recht gefährlich, nicht bei der Sache zu sein, sondern zu denken: »Welch wundervolles Geschenk mein Leben ist.« Jede Erkenntnis hat eben ihre Zeit und ihren Raum, gedacht, gefühlt und gelebt zu werden.

Wenn wir die Kostbarkeit unserer Existenz aber vollkommen vergessen, dann entgeht uns etwas Wertvolles, schließlich geht damit viel Wundervolles einher. Etwa einen Körper zu haben mit fünf Sinnen, der zu Empfindungen und Gefühlen fähig ist. Dank ihm können wir die Welt in all ihrer großartigen, überwältigenden Vielfalt und Schönheit erfahren: den Geschmack von Schokolade, die langsam auf der Zunge schmilzt, den Duft von Frühlingsblumen, eine zarte Berührung von einem geliebten Menschen. Oder denk an die kleinen Gesten und Alltagsmomente, die das Leben bereichern. Wie jemandem in der U-Bahn beim Sitzplatz den Vortritt lassen, weil er oder sie ihn eindeutig besser gebrauchen kann als man selbst. Oder sich nach einem heftigen Streit mit seinem Partner wieder zu versöhnen. Die Möglichkeiten, auf verschiedene Art und Weise Freude zu empfinden, sind wahrhaft unbegrenzt. Es war genau diese Freude am Sein, die Herr Paul für mich in seinem Spiel ausdrückte. Der kleine schwarz-weiße Kater zeigte mir mit seinem freien, zwecklosen Spielen den Reichtum der Existenz und die damit einhergehende Fülle an Freude.

Freude und Dankbarkeit sind eng miteinander verbunden. Denn wer dankbar ist und nicht alles als selbstverständlich nimmt, kann sich auch über vermeintliche Kleinigkeiten freuen: der kurze unübertroffene Moment der Ruhe nach dem Aufstehen, bevor die Hektik des Tages beginnt, kräftiger Kaffee, das nette Gespräch mit der Kollegin in der Teeküche, die frische klare Luft, wenn man aus der Tür tritt. Sich an den kleinen Dingen des Lebens zu erfreuen, an den kurzen, lichten Augenblicken, die der Alltag mit sich bringt, ist ein einfacher und sicherer Weg zum Glück. Herr Paul war definitiv offen für diese kleinen Geschenke des Alltags und nahm sie, wie sie kamen: eine Streicheleinheit hier, ein kleiner Leckerbissen da oder das wohlige Gefühl von Sonnenstrahlen, die er auf der Fensterbank einfing.

# DEN KLEINEN DINGEN DES LEBENS AUFMERKSAMKEIT SCHENKEN

Wann hast du dich das letzte Mal über etwas Kleines gefreut? Über etwas vermeintlich Unbedeutendes? Ich verrate dir jetzt etwas, das in der Katzenwelt wirklich kein Geheimnis ist: Es sind nicht die großen Dinge, die das Leben schön und lebenswert machen, sondern die kleinen. Versuch mit offenen Sinnen durch deinen Tag zu gehen, und du wirst sehen, dass es überall Gelegenheiten gibt, Freude zu empfinden. Dein Alltag ist nicht so trist, wie du vielleicht denkst!
Nimm dir am Anfang vor, jeden Tag wenigstens drei Anlässe zu finden – und seien sie noch so klein! –, über die du dich freuen kannst. Und wenn du sie findest, nimm dir unbedingt auch die Zeit, die Freude wirklich zu fühlen. Spüre sie in deinem Herzen und lass sie dich ausfüllen. So wirst du mit der Zeit immer besser darin werden, die kleinen Alltagsfreuden zu genießen.

Freude zu empfinden, so wie Herr Paul beim Spielen, entspricht nach buddhistischer Vorstellung unserer wahren Wesensnatur. Denn Freude ist nach Auffassung der Buddhisten der eigentliche Grundzustand des Menschen. Sie ist immer da und braucht weder einen Grund noch einen Anlass.

Dennoch fühlen wir diese Freude häufig nicht. Es ist wie mit dem Himmel, an dem Tag für Tag die Sonne scheint. Doch obgleich sie scheint, sehen wir sie häufig nicht, weil eine dicke Schicht von Wolken uns die Sicht verdeckt.

Die Wolken, also das, was uns von der Sonne – und im übertragenen Sinn von der Freude – trennt, das sind vor allem unsere Gedanken. Sie führen uns aus dem Hier und Jetzt fort in die Zukunft oder die Vergangenheit oder an einen anderen Ort in der Gegenwart als den, an dem wir uns befinden. Und hier liegt das Problem: Wir können uns nämlich nur mit der Freude in uns verbinden, wenn wir ganz bei uns selbst und gegenwärtig sind.

Den vielleicht einfachsten und natürlichsten Weg, um sich mit der Freude in sich selbst zu verbinden, machte mir meine weise Buddha-Katze vor: spielen. Denn beim Spielen ist es ganz leicht, glücklich im Moment aufzugehen. Spielen – in der Kindheit machen wir das noch völlig natürlich, später aber leider nicht mehr. Doch egal, wie alt wir sind: Unser inneres Kind liebt es zu spielen und sich dabei selbst zu vergessen. Spielen ist übrigens auch ein guter Weg, um das Ego für eine Weile hinter sich zu lassen. Das gilt aber nur für Spiele, bei denen es nicht darum geht, zu siegen oder besser zu sein als andere. Während diese nämlich eher das Ego und dessen Tendenz, sich von anderen getrennt zu sehen, stärken und so die Grenzen des Ichs verfestigen, haben Spiele, bei denen es nicht um das Übertrumpfen von anderen geht, genau die entgegengesetzte Wirkung: Sie bauen das Ego ab. Und das ist ungeheuer wertvoll.

Denn es sind vor allem das Ego und seine Gedanken, die uns im Weg stehen, wenn wir uns mit der Freude in uns verbinden wollen. Das Ego, damit sind unsere festgefügten Vorstellungen von uns selbst gemeint, von dem, was wir sind und wie wir sind, insbesondere im Hinblick auf andere, die aus der Sicht des Egos eben nicht wie wir sind, sondern von uns getrennt: Sie stehen uns im Weg, graben uns das Wasser ab, und wir müssen stets auf der Hut sein, um von ihnen nicht untergebuttert zu werden. Diese begrenzte Sicht auf die Dinge ist typisch für das Ego.

Während des Spielens können wir die ausschließliche Ichbezogenheit des Egos und dessen begrenzten Blickwinkel loslassen: Wir werden eins mit dem, was wir tun, und kommen so in einen kosmischen Flow mit dem Universum.

# 3. Weisheit
## Frei sein wie ein herumtigernder Kater

*H*err Paul tat nur, was er wollte. Wenn er etwas nicht wollte, dann tat er es auch nicht. Ganz einfach. Er allein entschied, wie er seinen Tag verbringen wollte, wann und was er fraß, auf wessen Schoß er sich setzte, ob er draußen die Welt erkunden oder doch lieber als flauschige Kugel zusammengerollt auf dem Sofa schlafen wollte. Niemand auf der ganzen Welt konnte ihn dazu bringen, etwas zu tun, was nicht in seinem Sinn war.

Er war es ja auch gewesen, der entschieden hatte, zu mir zu kommen und bei mir zu bleiben. Ich war also höchstens sein Mitbewohner, keinesfalls aber sein »Herrchen«. Zum Glück! Denn das hätte mir gar nicht gefallen. Ich habe diesen eigenen Willen an Katzen schon immer gemocht, dass sie nur sich selbst gehören und sich weder dressieren lassen noch irgendjemandem aufs Wort hören. Also respektierte ich von Anfang an Herrn Pauls Autonomie und Freiheit.

Beispielsweise legte ich Wert darauf, dass er nach wie vor kommen und gehen konnte, wann er wollte. Da ich Par-

terre wohnte, bot sich hierfür eine einfache Lösung an: Ich ließ mein Schlafzimmerfenster immer einen Spalt offen und stellte an die Außenseite davor einen alten, kleinen Holzschemel. So konnte Herr Paul bequem zuerst auf den Schemel und von hier aus durch den Fensterspalt in die Wohnung springen und umgekehrt.

Das dumpfe Geräusch seiner Landung wurde mir mit der Zeit sehr vertraut. Man konnte es von überall in der Wohnung hören. Wann immer ich es hörte, wusste ich, dass Herr Paul gerade von einem seiner Ausflüge heimgekehrt war. Doch manchmal hörte ich stattdessen ein anderes Geräusch, eine Art merkwürdiges, hektisches Scharren. Auch dieses Geräusch lernte ich schnell zu deuten: Ich hatte das Fenster in seiner Abwesenheit aus Versehen geschlossen! Herr Paul konnte nicht hinein und scharrte mit seinen Pfoten von außen an der Scheibe! Von innen sah man dann nur seinen aufgeregten Kopf und seine beiden Vorderpfoten, die verzweifelt nach Halt auf dem schmalen Fenstersims suchten. Schnell eilte ich dann zum Fenster, um den armen Kater aus seiner Notlage zu befreien. Später baute ich noch eine

Katzenklappe in die Haustür ein. Damit war dieses Problem ein für alle Mal gelöst.

Herrn Pauls Freiheit beeindruckte mich. Er war ja nur ein kleiner, alter Kater, dennoch erschien er mir in seinem Wesen unabhängiger als die meisten Menschen, mich eingeschlossen. Als Katze hatte er natürlich nicht dasselbe Ausmaß an Bewusstheit und freier Willensentscheidung wie wir. Sein Handeln war vermutlich zu einem großen Teil instinkt- und triebgesteuert. Und dennoch schien er mir in der Gestaltung seines Tages und seinen Entscheidungen äußerst bewusst, autonom und auch vernünftig zu sein. Wie gesagt, er hätte nie etwas gemacht, was er nicht wirklich wollte. Im neunzehnten Jahrhundert stellte das auch schon der französische Schriftsteller Théophile Gautier fest: »Die Katze behält ihren freien Willen, auch wenn sie dich liebt, und sie wird nichts für dich tun, was sie für unvernünftig hält.«

Wie kam es, dass Herr Paul so frei war? Wenn ich mich mit ihm verglich, kam ich mir eindeutig abhängiger und weniger autonom vor. Sicher, als Katze hatte er keine beruflichen oder sozialen Verpflichtungen, denen er nachkommen musste, daher konnte er seinen Tag verbringen, wie er wollte. Das war natürlich ein Unterschied, aber das war es nicht allein. Ich spürte, dass der springende Punkt woanders lag: Herr Paul war in seinem Kopf frei – im Gegensatz zu mir. In meinem

Kopf wimmelte es von einschränkenden, negativen Gedanken, allen möglichen und unmöglichen Sorgen sowie diversen Ängsten, die mich behinderten und mich davon abhielten, mich wirklich frei zu fühlen. All das schien Herr Paul nicht zu kennen.

Hätte es nicht eigentlich andersherum sein sollen? Ich freier als Herr Paul? Ich war schließlich ein Mensch! Schon Buddha hatte vor etwa zweitausendfünfhundert Jahren festgestellt:

> **Die Freiheit des Menschen ist eine seiner größten Gaben. Von allen Lebewesen ist der Mensch das freieste.**

Diese Freiheit, die uns Menschen eigen ist, ist in den Augen der Buddhisten enorm wertvoll. Ihrer Vorstellung nach kann man nämlich auch in anderer Gestalt – als Tier, hungriger Geist oder ein Gott – auf die Welt kommen. Mensch zu sein ist aus buddhistischer Sicht jedoch allen drei Alternativen vorzuziehen, selbst der Existenz als Gott. Erstaunlich, nicht wahr? Das hängt genau mit dieser Freiheit zusammen. Denn während Tiere ausschließlich aus ihren Instinkten heraus handeln und hungrige Geister von ihren Begierden getrieben sind, schwelgen Götter in immerwährender Wonne und haben wenig Antrieb, irgendetwas anderes zu machen. Der Mensch mit seiner Handlungsfreiheit hat daher die beste Ausgangslage, um das Ziel der Existenz, so wie es sich aus buddhistischer Sicht darstellt, zu erreichen: zu erwachen und damit dem Kreislauf der Wiedergeburt zu entgehen.

Doch so frei wir potenziell auch sein mögen, im Alltag sind wir es oftmals nicht. Neben Ängsten, Zweifeln und Zwängen sind es vor allem die negativen Glaubenssätze, die unsere Sicht auf die Realität verzerren und uns entmächtigen, indem sie uns kleiner oder schwächer machen, als wir tatsächlich sind. Eingefahrene Denk- und Handelsmuster, die wir nicht hinterfragen, begrenzen uns in unseren Wahlmöglichkeiten ebenfalls.

# WAS MACHT MICH UNFREI?

Gibt es auch in deinem Leben Hindernisse, die dich daran hindern, frei wie ein Kater durch die Welt zu streifen? Vielleicht kennst du das eine oder andere ja schon. Ich schlage vor, du nimmst dir ein wenig Zeit und ein Blatt Papier und schreibst einmal auf, welche Gründe und Erklärungen dir einfallen, weshalb du nicht jederzeit tun und lassen kannst, was du willst. Notiere erst diejenigen, die dir spontan in den Kopf kommen – das sind die offen-sichtlichen, derer du dir bereits bewusst bist. Normalerweise füllt sich das Blatt am Anfang ziem-lich schnell. Viele Zweibeiner haben zum Beispiel bestimmte Ängste oder Marotten, die sie ganz klar benennen können. Nach einer Weile werden dir dann vermutlich nicht mehr ganz so schnell neue Punkte einfallen. Dann gehe in dich und überlege mal, ob es Situationen gab, in denen du nicht so handeln konntest, wie du gern gewollt hättest. Möglicherweise hast du dich deswegen hinterher schlecht gefühlt. Was war es, was dich in der Situation hinderte, das zu tun, was du gern getan hättest? Schreibe es auf.

Eine andere Möglichkeit ist es, deine Freunde zu fragen, ob ihnen an dir bestimmte Denk- oder Verhaltensweisen aufgefallen sind, die dich unfrei machen. Wirklich enge Freunde kennen dich gut, in mancher Hinsicht sogar besser als du dich selbst. Die Perspektive von außen ermöglicht einen anderen Blick, so erfährt man Dinge, die man allein nur schwer oder gar nicht erkannt hätte!

Es hilft, sich auf diese Weise selbst zu erforschen und heraus-zufinden, was uns alles in unserer Freiheit einschränkt. Denn nur wenn wir uns dessen bewusst sind, können wir daran arbeiten und es nach und nach verkleinern oder sogar ganz auflösen. Ob es Ängste oder Zwänge sind, negative Glaubenssätze oder erstarrte Denk- und Verhaltensmuster – der erste Schritt, um etwas dagegen zu unternehmen, ist immer, sie uns als das bewusst zu machen, was sie sind: Freiheitsräuber, die in unserem Inneren wohnen.

Was aber machen wir mit der Freiheit, wenn wir uns dieser Freiheitsräuber entledigt haben? Herr Paul war mir auch in dieser Frage ein guter Ratgeber. Er nutzte sie, um das Leben in ihm gemäßer Weise zu verbringen: Er fraß, wenn er Hunger hatte, schlief, wenn er müde war, und strich im Garten herum, wenn er Lust hatte, im Garten herumzustreichen. Damit tat er im Grunde nichts Außergewöhnliches, sondern handelte einfach seiner Katzennatur und seinen Bedürfnissen entsprechend.

Dabei hatte er offenbar nie ein Problem, zu wissen, was er wirklich tun wollte. Er schien einen direkten Draht zu seinem Herzen zu haben, das ihm ganz klar sagte, was in jedem Augenblick das Richtige war. Diese Klarheit in seinem Wesen, die sich in seinem Verhalten widerspiegelte, entsprach der eines wahrhaften Zen-Meisters. Das klingt simpel, doch gerade in dieser Einfachheit lag für mich große Weisheit: Herr Paul tat nur, was er wirklich tun wollte. Und wenn er es tat, dann tat er es voll und ganz.

Beides ist nämlich gar nicht so einfach. Häufig wissen wir nicht, was wir wirklich wollen, sondern handeln aus allen möglichen Motiven und Impulsen heraus. Neben dem, was uns die Gesellschaft in Form von Normen und Konventionen vorschreibt, sind es oftmals die bereits genannten Ängste, Zwänge und eingefahrenen Gewohnheiten, die unser Handeln unbewusst prägen. Aus diesem Grund ist es so wichtig, sich ihrer bewusst zu werden und sich klarzumachen, was man eigentlich wirklich will. Will ich wirklich Medizin studieren, oder mache ich das nur, weil meine Eltern es von mir erwarten? Will ich wirklich länger in der Beziehung mit meinem Partner sein, obwohl sie mir offensichtlich nicht guttut?

Will ich wirklich diese Tafel Schokolade essen, oder tue ich das nur, um ein anderes Bedürfnis nicht fühlen zu müssen, zu überdecken oder zum Schweigen zu bringen?

# WAS WILL ICH WIRKLICH?

Mäuse jagen oder auf dem Sofa liegen, Milch oder Wasser, gehen oder bleiben – fällt es dir schwer, Entscheidungen zu treffen? Zerbrichst du dir oft den Kopf darüber, was wohl das Richtige für dich wäre? Kleiner Katzentipp: Hör auf damit! Es ist gar nicht so kompliziert, das herauszufinden. Die Antwort findest du immer in dir selbst, du musst sie nur suchen.

Auch wenn in deinem Kopf die größte Unklarheit über deine wahren Wünsche und Bedürfnisse herrscht, gibt es einen Teil in dir, der über sie Bescheid weiß; ganz genau und in jedem Moment: dein Herz und dein Bauch. Sie wissen, wie es in Wahrheit um dich steht, was dich glücklich oder unglücklich macht und ob etwas mit dir, deinen Überzeugungen und Idealen im Einklang steht oder nicht. Wenn du aufmerksam hinhörst, lassen sie es dich auch jederzeit wissen.

Das ist sogar wissenschaftlich bewiesen. Denn beide, Herz und Bauch, verfügen über eigene Nervenzellen, die in ständiger Kommunikation mit dem Gehirn stehen. Diese Kommunikation bezeichnet man auch als Intuition: Wissen, das nicht umständlich über den Umweg des Verstands entsteht, sondern Bauch- und Herzwissen, das tief aus dir selbst kommt, direkt mit dir spricht und von dem du ohne Zweifel spürst, dass es einfach richtig ist.

Also Pfote aufs Herz: Wenn du dich das nächste Mal fragst, was du wirklich willst, dann leg deine Gedanken beiseite und hör auf das, was dein Herz und dein Bauch dir sagen möchten. Stell dir dazu die jeweilige Situation oder Entscheidung vor, und richte dabei die Aufmerksamkeit auf deinen Körper. Wie fühlt es sich in deiner Bauch- und Herzregion an? Freudig, leicht und entspannt? Dann mach es. Dunkel, schwer und verkrampft? Dann mach es nicht. Ganz einfach. Nimm dir dafür ruhig so lange Zeit, wie du brauchst. Häufig ist das Gefühl nicht sofort eindeutig und klar, sondern wird es erst mit der Zeit. Das hängt auch damit zusammen, dass ihr Menschen im Gegensatz zu uns Katzen einfach nicht so geübt darin seid, auf eure Intuition zu hören. Miau!

Sich darüber klar zu werden, was man wirklich will, hilft auch bei der zweiten Sache, auf die sich Herr Paul so trefflich verstand: das, was man tut, ganz zu tun. Das ist eine Kernbotschaft des Buddhismus und insbesondere des Zen-Buddhismus. Egal, um welche Tätigkeit es sich handelt, ob Blumengießen, Kartoffelschälen oder Staubsaugen – es liegt ein großer Wert darin, auch bei scheinbar unwichtigen oder nebensächlichen Tätigkeiten ganz bei der Sache zu sein.

Im Alltag ist das häufig nicht so: Wir tun eine Sache und denken dabei an etwas ganz anderes. Weil wir uns vielleicht langweilen oder einen inneren Widerstand spüren. Das kennt vermutlich jeder. Und auch das daraus erwachsende Gefühl der Unzufriedenheit.

Lässt man sich stattdessen auf eine Tätigkeit ganz ein, dann passiert etwas Wunderbares. So unwichtig oder nebensächlich sie uns auch erscheinen mag, wenn wir uns ihr ganz hin-

geben und mit unserem ganzen Sein dabei sind, verwandelt
sie sich in eine tiefe Meditation. So können wir bei allem,
was wir tun, erkennen, dass die alltägliche Welt der tausend
kleinen Dinge nicht getrennt ist von der Welt des absoluten
Seins. Sie ist die letztgültige Realität, die schon immer erfüllt
war von umfassendem Frieden und strahlender Freude.

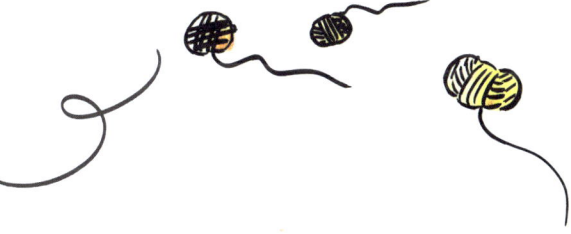

# 4. Weisheit
## Verrückt auf vier Pfoten

*E*inmal am Tag bekam Herr Paul das, was ich seine »fünf Minuten« nannte. Dann sprang er plötzlich wie von einer Tarantel gestochen auf und fing an, in einem Affenzahn durch die Wohnung zu rasen: ein paar Runden im Wohnzimmer im Kreis, von hier aus in die Küche und ins Bad und schließlich durch die Katzenklappe hinaus ins Freie. Draußen schoss er wie eine Rakete den Apfelbaum hinauf, der neben der Einfahrt stand, und oben angekommen ging es im Rekordtempo gleich wieder hinunter. Im Garten ging der Irrsinn noch ein paar Minuten munter weiter, bis Herr Paul sich irgendwann wieder einkriegte, zurück in die Wohnung getrottet kam und sich hinlegte, als sei nie etwas passiert.

Ich mochte dieses Schauspiel sehr, da es in so einem krassen Gegensatz zu seinem üblichen Verhalten stand. In meinen Augen war Herr Paul ansonsten eine ausgesprochen noble, geradezu würdevolle Erscheinung mit seiner katzentypischen Eleganz und Schönheit. Sicher, er war auch verspielt und schmuste gern, aber bei allem, was er tat, hatte er die volle Kontrolle über die Situation. In seinen fünf Minuten war das anders. Dann flippte er für kurze Zeit einfach völlig aus. Vernunft, Kontrolle und Weisheit gingen dann – schwupps! – komplett über Bord.

Am Anfang war ich oft sprachlos vor Verwunderung, wenn Herr Paul seine fünf Minuten hatte. Wie konnte es sein, dass er in der einen Sekunde noch ruhig schlafend in seinem Körbchen lag und in der nächsten die wildesten Kapriolen machte? Hatte er vielleicht etwas gegessen, was ihm nicht bekam? Oder waren das etwa die ersten Symptome einer sich anbahnenden Schizophrenie? Konnten Katzen überhaupt schizophren werden? Ich stand vor einem Rätsel. Ich hatte ja noch nie eine Katze besessen und wusste nicht, dass dieses Verhalten durchaus typisch in der Katzenwelt ist.

Da Herr Paul anscheinend ziemlich viel Spaß an der Sache hatte, beschloss ich, mir fürs Erste keine Sorgen zu machen. Nach und nach gewöhnte ich mich auch an das Schauspiel, und die anfängliche Verwunderung wich meiner Freude über den Katzenirrsinn. Und ich erkannte etwas: Herrn Pauls temporäre Verwandlung in einen schwarz-weißen Wirbelwind stand keineswegs in einem Gegensatz zu seiner Lebensklugheit. Ganz im Gegenteil – sie war ein Teil von ihr! Denn eines hatte Herr Paul offensichtlich klar erkannt:

**Es zeugt von höchster Weisheit, gelegentlich eine Auszeit von der** » **Vernunft zu nehmen, die Kontrolle** « **abzugeben und den normalen Ablauf der Dinge hinter sich zu lassen.**

Das klingt paradox, nicht wahr? Wie kann Unvernunft denn weise sein? Tatsächlich stand Herr Paul mit seiner Verrücktheit aber in einer langen spirituellen Tradition. Viele der alten Zen-Meister waren nämlich ebenfalls ordentlich neben der Spur. Ob Meister Bankei, der plötzlich erleuchtet wurde, als er mit hohem Fieber in einer eiskalten Höhle sitzend meditierte, in die er sich hatte einmauern lassen, oder Meister Hakuin, der bevorzugt nachts auf abgelegenen Friedhöfen im Lotossitz saß, oder Meister Ikkyu, der sich selbst in seinen Gedichten »verrückte Wolke« nannte, sein Erleuchtungszertifikat verbrannte und sich am liebsten in Bordellen und Sake-Kneipen herumtrieb – an Anekdoten von Zen-Meistern, die ein verrücktes, eigensinniges Verhalten an den Tag legten, mangelt es nicht.

Es sieht so aus, als ob mit dem Erwachen eine so große Horizonterweiterung verbunden ist, dass die alltägliche Welt mit ihren althergebrachten Werten und Normen, Konventionen und Zwängen plötzlich zu eng wird. Doch das verrückte Verhalten der Zen-Meister war nicht nur Ausdruck einer neu gewonnenen Freiheit. Es war auch Methode. Denn wenn die Zen-Meister mit ihrem ungewöhnlichen, exzentrischen Verhalten auffielen, dann auch, um ihre Mitmenschen auf eine radikale Weise wachzurütteln.

Ob sie an ihre Schüler Schläge austeilten, sie jäh anschrien oder ihnen Koans, also mit dem rationalen Denken nicht lösbare Fragen, an den Kopf warfen – immer hatte das »verrückte« Verhalten zum Ziel, die Fesseln des konventionellen Denkens zu sprengen und die eigenen Vorstellungen von sich selbst und der Welt für einen Augenblick aus den Angeln zu heben. Denn dieser kurze Moment genügte oftmals, um eine tiefe Einsicht in die eigene Natur und die wahre Realität der Dinge zu gewinnen. Dies zeigt beispielsweise folgende Anekdote, die von dem chinesischen Zen-Meister Ma-tsu überliefert ist:

**P**ai-chang befand sich eines Tages mit seinem Meister Ma-tsu im Garten hinter dem Haus, als sie eine Schar Wildgänse am Himmel sahen.
Ma-tsu fragte: »Was ist das?«
»Es sind Wildgänse, Meister.«
»Wohin fliegen sie?«, fragte Ma-tsu.
»Sie sind weggeflogen, Meister.«
Plötzlich packte Ma-tsu Pai-changs Nase und drehte sie um. Dieser, vom Schmerz überwältigt, schrie laut auf: »Oh, oh!«
»Du sagst, sie seien weggeflogen«, sagte Ma-tsu, »aber wie kommt es dann, dass alle von Anfang an hier gewesen sind?«
Pai-chang trat der Schweiß aus allen Poren – er war auf der Stelle erleuchtet. [*]

## ENDE

---

[*] Lexikon der östlichen Weisheitslehren, O. W. Barth Verlag München 1986, S. 238.

Auch in dieser Anekdote ist es der »verrückte«, Schmerzen verursachende Griff von Ma-tsu an die Nase seines Schülers zusammen mit seiner »verrückten«, das heißt paradoxen, das Denken transzendierenden Frage, die dazu führt, dass die Ketten von Pai-changs Ich-Bewusstsein für einen Augenblick gesprengt werden und er als Folge davon erleuchtet wird.

Ich bezweifle, dass Herr Paul sich besonders gut mit verrückten Zen-Meistern auskannte. Und auch wir müssen nicht unbedingt etwas von ihnen wissen, um uns gelegentlich zu erlauben, die gewohnten Grenzen unseres Handelns zu überschreiten. Denn es macht einfach irrsinnig viel Freude, die Vernunft für eine Weile getrost hinter sich zu lassen. Herrn Paul konnte man diese Freude ganz klar ansehen. Sie drückte sich in der überschäumenden, geradezu manischen Energie aus, die er in seinen fünf Minuten versprühte.

# WERDE VERRÜCKT!

Dein Leben kommt dir manchmal ein wenig langweilig und eintönig vor? Wie wär's, wenn du von Zeit zu Zeit eine richtig absurde Aktion startetest? Mach etwas, was du normalerweise niemals machen würdest, weil es dir unvernünftig und unerwachsen erscheint oder als bloße Zeitverschwendung vorkommt. Geh nachts schwimmen! Fahre im Bus von End- zu Endhaltestelle! Kaufe dir selbst Blumen! Umarme einen Baum! Schaukle, so hoch du kannst, auf einer Schaukel bei Mondschein! Wenn du magst, kannst du auch versuchen, auf allen vieren einer Maus hinterzujagen – ich verspreche Dir, das macht wirklich viel Spaß.

In der Zweibeinerwelt ist im Gegensatz zu der Welt von uns Vierbeinern alles viel zu durchdacht, rational und ergebnisorientiert. Klammere dich also nicht an deine Vernunft, sondern lass sie los, und du wirst sehen, dass sich dir sofort wunderbare neue Räume eröffnen. Dir fällt nichts Schräges ein? Der Trick ist, nicht so viel drüber nachzudenken, sondern einfach deiner Inspiration zu folgen. Deine Inspiration ist der schöpferische Funke, der dich auf direktem Weg aus der rationalen Welt des Alltags in die erleuchteten Dimensionen des Verrücktseins führt.

Lass mich dir das kurz erklären: In deinem Gehirn gibt es verschiedene Regionen, deren einzige Aufgabe es ist, zu prüfen, ob dein Verhalten »normal« ist. Wie ein strenger Zensor kontrollieren sie ständig, ob du dich so verhältst, wie es in der Gesellschaft allgemein anerkannt ist, und ob deine Handlungen Sinn ergeben. Ist das nicht der Fall, meldet sich der Zensor zu Wort und sagt dir: »Das ist keine gute Idee. Mach das lieber nicht.« Und weißt du was? Diese Instanz in deinem Inneren ist so mächtig, dass du es für gewöhnlich dann wirklich nicht machst! Daher verhältst du dich in deinem Alltag immer schön vernünftig, angepasst, eben normal. (Meine Güte, bin ich froh, dass ich keinen solchen Zensor im Kopf habe.)

Um etwas wirklich Abgedrehtes zu machen,
musst du also an deinem inneren Zensor, diesem
alten Langweiler vorbei. Und dafür ist es das
Beste, nicht lange zu fackeln, sondern, schwups,
das Stück Schinken vom Tisch zu stibitzen, äh,
dem Funken deiner Inspiration zu folgen.
Wenn der Zensor wieder einmal sein Veto einlegt,
dann mach Folgendes:

1. Spür kurz in dich hinein und schau, ob dir
der Einfall ein freudvolles Kitzeln im Bauch macht.

2. Checke kurz, ob dabei irgendjemand –
das schließt auch dich selbst ein! – zu Schaden
kommen könnte. Wenn die Antwort auf 1. Ja
und auf 2. Nein ist, dann tu's! Sei verrückt!

Je mehr ich mich dem heiteren Irrsinn öffnete, umso mehr erkannte ich, dass das ein universelles Prinzip ist. Im Universum kommen schräge Phänomene nämlich haufenweise vor: schwarze Löcher, die durch ihre enorme Gravitation alles ansaugen, was sich in ihrer Reichweite befindet, Supernovae, bei denen ein sterbender Stern explodiert und dabei für kurze Zeit so hell wie eine ganze Galaxie leuchtet, oder der Urknall, bei dem sich das Universum im Bruchteil eines Augenblicks von fast nichts ins unfassbar Weite ausgedehnt hat. Schon die Begriffe klingen, als hätte jemand einen großen Knall, einen Big Bang, gehabt.

Auch die Natur hat im Lauf der Evolution viele verrückte Lösungen ersonnen: Oktopusse, die mit ihrer Haut perfekt die Umgebung nachahmen und die »Tinte« ausstoßen, wenn sie verfolgt werden, Spechte, die mit ihrem Schnabel Löcher ins Holz klopfen, ohne Kopfschmerzen zu bekommen, oder Kängurus, die sich hüpfend fortbewegen und ihre Jungen in einem Beutel bei sich tragen. Die Natur ist unendlich kreativ und keine Idee ihr zu abwegig.

Für eine Weile seinen gesunden Menschenverstand beiseitezulassen, macht nicht nur irre Spaß, es gibt noch sehr viel mehr Gründe, die dafürsprechen. Zum Beispiel kann man dadurch neue unerwartete und bereichernde Perspektiven gewinnen. Denn wer verrückt ist, der befindet sich nicht mehr an dem Ort, an dem er sonst immer ist, sondern er ist eben um ein Stück »ver-rückt«. Wohldosiertes Verrücktsein ist der vielleicht beste Weg, um sich mit der schöpferischen Kraft, die tief in jedem von uns wohnt, zu verbinden und für eine Zeit lang aus dem Käfig alter, eingefahrener Denkstrukturen auszubrechen. Herr Paul wusste es, ebenso wie die alten Zen-Meister. Und wie sagte der Philosoph Friedrich Nietzsche noch gleich: »Man muss noch Chaos in sich haben, um einen tanzenden Stern gebären zu können.«

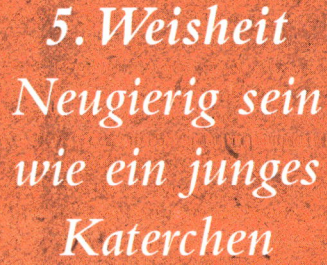

# 5. Weisheit
## Neugierig sein wie ein junges Katerchen

artons, leere Einkaufstüten, knubbelige Wolldecken – Herr Paul liebte Höhlen aller Art. Er wollte sie erkunden, sich hineinsetzen oder sich dahin zum Schlafen zurückziehen. Wenn etwas auch nur ansatzweise höhlenartig war, war Herr Paul meist lange damit beschäftigt, es gründlich zu untersuchen.

Seine Aktionen als Höhlenforscher brachten ihm mit der Zeit einen Spitznamen ein: »Bauingenieur«. Denn wenn ich ihm eine Höhle aus einer Decke baute, dann äugte er normalerweise erst lange Zeit vom Eingang aus hinein. Vermutlich um festzustellen, ob die Höhle nicht schon von einem anderen Bewohner belegt war oder – wahrscheinlicher – ob es sich auch wirklich um eine stabile Höhle mit den richtigen Abmessungen handelte.

Es gibt Katzen, die den größten Teil des Tages verschlafen und die es nur selten hinaustreibt. Schon gar nicht bei schlechtem Wetter. Herr Paul gehörte definitiv nicht dazu. Er liebte es, draußen auf Entdeckungstour zu gehen. Bei jedem Wetter. Es musste schon in Strömen regnen oder arktisch kalt sein, damit Herr Paul von seinen Touren absah. Schon wenn er von seinem Lieblingsplatz, dem alten Ledersessel, aufstand, sich ausgiebig streckte und sich dann langsam in Richtung Katzenklappe bewegte, wusste ich, dass er jetzt genug vom

Herumliegen hatte und einen seiner Ausflüge machen würde. Das geschah mehrmals am Tag. Zuerst ging es immer in den Garten. Dort strich er aufmerksam umher und schaute, was es seit seinem letzten Besuch Neues gab in seinem Revier.

Im Garten wirkte Herr Paul oft wie ausgewechselt. War er in der Wohnung häufig träge und verhielt sich seinem Alter entsprechend eher ruhig, so erhöhte sich, sobald er draußen war, seine Körperspannung, er wurde aufmerksam, neugierig und entdeckungsfreudig. Oft sah ich ihn mit den Pfoten emsig am Boden scharren oder gespannt hinter einen verwilderten Strauch lugen. Es schien so, als warteten hinter jedem Busch und Stein aufregende Abenteuer, fremde Gerüche und spannende Begegnungen. Beispielsweise mit Katzen aus der Nachbarschaft (die entweder geduldet oder vertrieben wurden), mit stacheligen Igeln oder auch mit der dicken Kröte, die unter einem großen Stein wohnte und sich mit Herrn Paul den Garten als Revier teilte.

Der Welt offen gegenüberzustehen ist ein Grundsatz des Zen-Buddhismus. Er drückt sich in der bekannten Geisteshaltung des Anfängers aus:

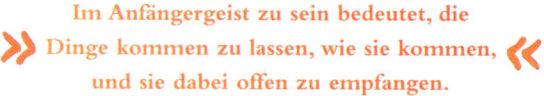

**Im Anfängergeist zu sein bedeutet, die Dinge kommen zu lassen, wie sie kommen, und sie dabei offen zu empfangen.**

Wer Menschen, Dingen oder Situationen im Anfängergeist begegnet, der versucht, nicht gleich alles zu bewerten, zu analysieren oder sonst wie intellektuell einzuordnen und zu verarbeiten. Sein Blick ist stattdessen offen, sein Geist leer und frei von Meinungen, Verurteilungen und Schubladen. Eben ganz wie bei einem Anfänger. Denn als ein solcher, ganz egal auf welchem Gebiet, hat man erst mal keine Vorstellung davon, wie eine Sache ablaufen oder Dinge sich verhalten *sollten*, sondern nimmt einfach aufmerksam wahr, was *ist*.

Bei einem Anfänger ist der Kopf in jeder Hinsicht leer. Und genau das ist das Wundervolle, denn damit steht den Eindrücken, die auf ihn einprasseln, nichts im Weg: kein vorgefasstes Wissen, keine Erwartung, keine Befürchtung, nichts. Der Kopf ist frei von Konzepten, in die wir die Welt für gewöhnlich gerne zwängen, um sie uns verständlicher zu machen. Und das ist gut so, denn nur mit einem offenen, leeren Geist können wir die Welt so wahrnehmen, wie sie tatsächlich ist. Und da wir uns im Anfängergeist auch nicht gleich zu allem eine Meinung bilden und alles bewerten müssen, ist es uns möglich, viel freier, direkter und angemessener auf Situationen zu reagieren. Wenn wir beispielsweise unseren Mitmenschen mit dieser Geisteshaltung gegenübertreten, sehen wir sie als diejenigen, die sie tatsächlich sind: Menschen wie wir selbst mit Stärken, Schwächen und Fehlern. Niemand, den wir gleich verurteilen müssten.

Herr Paul befand sich definitiv im Anfängergeist, wenn er im Garten unterwegs war. Man konnte regelrecht mitverfolgen, wie er in diese innere Haltung wechselte, wenn er die Wohnung verließ: Auf dem Weg zur Katzenklappe wirkte er häufig noch ein wenig lethargisch und bewegte sich schwerfällig voran, insbesondere wenn er vorher länger geschlafen hatte. Sobald er die Katzenklappe durchquert hatte, war das wie weggeblasen. War er erst mal draußen, bekam sein ganzes Verhalten etwas Kindlich-Verspieltes, Munteres. Manchmal schien es mir, als sei die Katzenklappe nicht nur die Grenze zwischen drinnen und draußen, sondern auch zwischen Herrn Pauls altem und seinem jungen Ich. Das alte Ich hatte schon alles gesehen, wusste alles und war deshalb träge und satt. Das junge Ich hingegen war offen für die Wunder der Welt.

# GRÜN HINTER DEN OHREN
# WERDEN: DER ANFÄNGERGEIST

Es hat viel Gutes, im Anfängergeist zu sein, probier
es doch auch mal. Das ist eigentlich ganz einfach,
denn wie der Name schon sagt, es geht darum,
wie ein Anfänger auf die Dinge zu schauen.
Gerade bei Tätigkeiten, bei denen ihr Menschen
das Gefühl habt, sie schon unzählige Male getan
zu haben, ist der Anfängergeist wertvoll. Denn
seien wir doch mal ehrlich, wie oft ödet dich eine
Tätigkeit an, weil du das Gefühl hast, hier gibt's
einfach nichts Neues zu entdecken, kenn ich schon,
weiß ich schon? Autofahren, Zähneputzen usw.
Gähn. Wenn ich so an meine Gartenrundgänge
herangehen würde, hätte ich sie sicher auch bald
satt. Ich verrate dir aber was: Selbst wenn du etwas
schon eine Milliarde Mal gemacht hast – wenn du mit
dem Anfängergeist an die Sache herangehst, gibt es
immer etwas Neues zu entdecken! Keine Sache kann
jemals vollkommen ergründet werden. Ich will dich
jetzt nicht langweilen und zu philosophisch werden,
aber das hängt letztlich damit zusammen, dass jedes
Ding und jede Handlung ein tiefes Mysterium ist.

Falls du dich jetzt fragst, wie du es schaffst,
in den Anfängergeist zu kommen, ganz einfach:
Mach tabula rasa in deinem Geist! Tu die Dinge
so, als hättest du sie noch nie zuvor getan.
Vergiss, dass du sie schon kennst, und schmeiß alles,
was du darüber zu wissen glaubst, über Bord.
Sei ganz bei dem, was du tust, ganz im Hier
und Jetzt und dabei offen für alles, was kommt.
Mach es wie der Bambus: Wenn Wind aufkommt,
wiege dich mit ihm. Sträube dich nicht dagegen,
mach dir keine unnötigen Gedanken darüber,
in welche Richtung du dich vielleicht biegen solltest,
sondern gehe einfach mit dem Flow. Fließe!
Es ist wirklich nicht schwer, wenn du den Kniff
einmal raushast. Und du wirst erstaunt sein,
wie neu die scheinbar alltäglichsten Tätigkeiten
plötzlich sind! Pfote drauf!

Im Anfängergeist nehmen wir alles so wahr, als sähen wir es zum ersten Mal. Wenn uns das gelingt, werden die Welt und der Alltag plötzlich frisch, alles funkelt und wir sind von einem tiefen Staunen erfüllt. Wir sehen unsere Umgebung dann mit den Augen eines Kindes. Vielleicht erinnerst du dich daran, wie voll von Wundern die Welt war, als du noch klein warst.

Es ist auch sonst gut, sich wie Herr Paul eine kindliche Offenheit und Neugierde zu bewahren. Nur allzu häufig gehen uns diese Eigenschaften allmählich verloren, wenn wir älter werden. Mit fortschreitendem Alter steigt die Tendenz, dass man sich in seinen Meinungen und Ansichten festfährt und sich für neue Erfahrungen und Eindrücke verschließt. Damit geht oftmals auch eine gewisse Ängstlichkeit einher: Das Unbekannte und Neue ist einem nicht ganz geheuer, man bleibt lieber beim Alten, bereits Bekannten. Hier fühlt man sich sicherer.

Diese Entwicklung ist schade, denn wer sich von der Welt abkapselt und sich verschließt, für den wird sie immer kleiner und ärmer. Und der wird auch selbst immer kleiner und ärmer. Die Möglichkeiten, sich selbst zu entfalten, Neues zu erfahren und den eigenen Horizont zu erweitern, nehmen dann ab. Das Wundervolle in der Welt, das uns als Kind in Staunen versetzt hat und jeden Tag zu einer aufregenden Entdeckungsreise machte, verwandelt sich dann allmählich in Überdruss, Monotonie und gähnende Langeweile.

Zum Glück hatte ich Herrn Paul, der mir trotz seines fortgeschrittenen Alters zeigte, dass die Welt voller Wunder ist, wenn man nur offen für sie bleibt. Wie Herr Paul im Anfängergeist zu sein, ließ mich erkennen, dass alles um mich herum, der Alltag und jede noch so unscheinbare Tätigkeit mit geheimnisvoller, unergründlicher Schönheit gefüllt sind. Es half mir auch dabei, allmählich Ängste und Selbstzweifel zu überwinden.

# DAS WUNDER DES HÄNDEWASCHENS ERFAHREN

Ob du es glaubst oder nicht, dein Leben ist voller Wunder. Nehmen wir ein simples Beispiel: Händewaschen. Wie oft hast du deine Hände in diesem Leben bereits gewaschen? Bestimmt locker einige Tausend Mal. Aber wenn du jetzt denkst: »Händewaschen? Davon brauchst du mir echt nichts zu erzählen, das kann ich sogar im Schlaf!«, dann warte kurz. Denn so banal und alltäglich es auch sein mag, bei rechtem Licht betrachtet ist Händewaschen alles andere als das. Es kann eine tiefe Meditation werden, so tief, dass sie hinabreicht bis an den Grund des Menschseins: Was bedeutet es, eine menschliche Gestalt zu haben mit Händen und diese zu waschen? Das ist eine wirklich unergründbare Frage. Das Zusammenspiel von Wasser und vielleicht ein wenig Seifenschaum sowie zwei Händen, die sich gegenseitig einseifen, hat dir unendlich viel zu sagen. Über dich selbst, dein Leben und die Welt, in der du bist. Du musst nur zuhören. Als Katze kann ich dir natürlich nicht sagen, was genau das ist, aber vielleicht wäschst du dir beim nächsten Mal einfach im Anfängergeist die Hände und schaust, ob du es selbst herausfindest?

Wie Herr Paul im Anfängergeist zu sein, ließ mich erkennen, dass die Welt, der Alltag und jede noch so unscheinbare Tätigkeit mit geheimnisvoller, unergründlicher Schönheit gefüllt sind. Es half mir auch dabei, allmählich Ängste und Selbstzweifel zu überwinden. Denn die Angst vor etwas steckt zu einem guten Teil in dem, was wir darüber denken: Sie ist im Kopf. Wenn der Kopf aber leer ist, wie im Zustand des Anfängergeists, dann schwinden auch die Ängste.

Sich wie Herr Paul seine kindliche Neugierde und Offenheit zu erhalten, hat noch etwas Gutes: Es hilft dabei, jung zu bleiben. Das zeigen zahlreiche wissenschaftliche Studien. Altern ist ein systemischer Prozess, bei dem alles mit allem zusammenhängt: Das physische, psychische und soziale Altern sind untrennbar miteinander verbunden. Wer offen bleibt für neue Eindrücke, Erfahrungen und Begegnungen mit anderen Menschen und sich Neugierde und Wissensdurst erhält, altert nachgewiesenermaßen langsamer.

Unser Gehirn ist übrigens niemals zu alt, um etwas Neues zu lernen. Und gerade das Lernen hilft enorm, uns auch in fortgeschrittenem Alter leistungsfähig und frisch zu halten. Es ist also nie zu spät, um Geige oder Klavier, Volleyball oder Golf, Yoga oder Programmieren zu lernen.

*6. Weisheit*
*Auf Samtpfoten*
*achtsam durch*
*die Welt*

*M*anchmal aß ich an einem kleinen Couchtisch auf dem Sofa. Der Tisch war so niedrig, dass sich der Teller nur knapp über der Augenhöhe von Herrn Paul befand. Kein Wunder, dass er es sich nie nehmen ließ, beim Essen in der ersten Reihe dabei zu sein. Herr Paul wusste: Von Zeit zu Zeit befanden sich auf diesem Teller leckere Sachen wie beispielsweise gebratener Fisch. Eine seiner Leibspeisen. Wenn ich ihm kleine Reste davon zu fressen gab, verschwand der Fisch so schnell in seiner Schnauze, dass man schwer von Fressen sprechen kann. Er inhalierte ihn geradezu.

Doch auch wenn ich etwas aß, bei dem ihm mit großer Wahrscheinlichkeit der Speichel in der Schnauze zusammenfloss, behielt Herr Paul immer seine Selbstbeherrschung. Er nahm sich niemals selbst etwas von meinem Teller. Das erstaunte mich stets aufs Neue, denn der Teller befand sich wirklich nur wenige Zentimeter von seinem Gesicht entfernt. Es wäre ihm ein Leichtes gewesen, sich schnell einen Happen zu schnappen und davonzuflitzen.

Während Herr Paul vor mir saß und jedem Bissen hinterherschaute, der in meinem Mund verschwand, muss sich in seinem Inneren ein gewaltiger Konflikt abgespielt haben. Zum einem war da das wundervoll duftende Essen direkt vor seiner Schnauze, das er ganz sicher am liebsten sofort verputzt hätte. Schließlich war Herr Paul auch nur eine Katze! Doch zum anderen schien er zu wissen, dass dieses Essen nicht für ihn, sondern für mich gedacht war. Und vermutlich wusste er auch, dass ich nicht allzu begeistert sein würde, wenn er sich darüber hermachte. Also hielt er sich zurück.

Oft habe ich mich gefragt, wie Herr Paul es schaffte, sich nicht von seinen Impulsen mitreißen zu lassen. Die Antwort auf diese Frage, so glaube ich, hängt mit Achtsamkeit zusammen:

**Wenn wir achtsam sind, richten wir unsere Aufmerksamkeit auf alles, was in unserem Gewahrsein auftaucht: Empfindungen, Gedanken und Gefühle. Wir nehmen sie ruhig und gelassen wahr, ohne sie zu bewerten.**

Indem wir uns in Achtsamkeit üben, lernen wir aufmerksam mit uns selbst zu sein: Was spüre ich gerade in meinem Körper? Welche Gedanken gehen mir durch den Kopf? Was fühle ich in diesem Augenblick? Es ist hilfreich, im Alltag auf diese Aspekte zu achten, denn so können wir uns genauer kennenlernen und uns selbst und unseren Umgang mit der Welt besser verstehen.

Wie das Beispiel von Herrn Paul am Essenstisch zeigt, sind wir unseren Gedanken, Gefühlen und Impulsen nicht so stark ausgeliefert, wenn wir Achtsamkeit praktizieren. In der Regel genügt ein einzelner negativer Gedanke – sagen wir ein wütender wie: »XY nervt total!« –, der uns in den Kopf kommt, um eine Kaskade von weiteren wütenden Gedanken folgen zu lassen. Und da Gedanken mit Gefühlen verknüpft sind, kommen auch schon bald die entsprechenden Gefühle in uns hoch: Wir spüren die Wut als Erregung in uns aufbrausen, Adrenalin pumpt durch die Adern, der Herzschlag erhöht sich, der Nacken spannt sich an …

Diesem Szenario sind wir in der Regel machtlos ausgeliefert. Nicht aber, wenn wir uns in Achtsamkeit üben. Dann schieben wir sozusagen einen Riegel zwischen uns und unsere Gedanken und Gefühle, indem wir sie erstens bewusst wahrnehmen und sie dabei zweitens nicht bewerten. Wir lassen sie einfach so sein, wie sie sind.

Das ist natürlich leichter gesagt als getan. Aber mit ein bisschen Übung lässt es sich doch relativ leicht lernen. Und das Ergebnis ist wirklich lebensverändernd, weil wir den vielen stressigen Faktoren des modernen Alltags dann nicht länger ausgeliefert sind. Die unter Druck setzende Deadline, die nervenden Kollegen, der unfreundliche Sitznachbar im Zug, Probleme mit dem Partner oder auch einfach nur Kopfschmerzen – die negativen Gefühle, Empfindungen und Gedanken, die normalerweise damit verbunden sind, beeinträchtigen unsere Entscheidungen und unser Handeln nicht länger; wir bleiben weiter klar und zentriert.

# MIT SCHWIERIGEN GEFÜHLEN ACHTSAM UMGEHEN

Schwierige Gefühle gibt es überall, in der Katzen-
wie in der Menschenwelt. Wenn ich beispielsweise
vor meiner Fisch-Leibspeise hocke, die wundervoll
duftet und mich aus nächster Nähe anlacht,
ich sie aber nicht essen darf, dann ist das ein
wahrer Katzenjammer. Du hast sicherlich auch
schon mit schwierigen Gefühlen Bekanntschaft
gemacht, etwa mit Sorgen, Traurigkeit oder Wut.
Wie du bestimmt aus eigener Erfahrung weißt,
kann man grundsätzlich auf zwei verschiedene Arten
reagieren, wenn solch ein Gefühl aufkommt.
Erstens: Man lebt das Gefühl aus. Im Fall von Wut
würde das bedeuten, dass du ihr freien Lauf lässt.
Dann erhebst du deine Stimme, schmeißt mit
Schimpfwörtern um dich oder Schlimmeres.
Die Wut so ungefiltert rauszulassen kann sehr
destruktive Folgen für dich und deine Mitmenschen
haben.
Die zweite Möglichkeit ist, dass du das Gefühl
verdrängst. Vielleicht redest du dir ein, dass du

darüberstehst, wütend zu sein, oder dir wurde beigebracht, dass man seine Gefühle schön für sich behält. Dann schluckst du die Wut hinunter. Auch das ist nicht allzu gesund, denn die Energie der Wut ist natürlich nicht einfach weg, wenn man sie unterdrückt. Sie staut sich in dir auf, und es ist sehr wahrscheinlich, dass sie eine andere Erscheinungsform sucht, um doch noch ausgelebt zu werden, etwa chronisch schlechte Laune oder Niedergeschlagenheit oder Magengrimmen. Beide Varianten haben also ziemlich große Nachteile. Zum Glück gibt es noch eine dritte Möglichkeit, nämlich achtsam mit der Wut umzugehen. Und das geht so: Wenn du die Wut in dir aufsteigen spürst, dann gib ihr weder sofort nach, indem du sie auslebst, noch verdränge sie, indem du sie hinunterschluckst. Nimm stattdessen einfach wahr, was die Wut mit dir macht. Spüre dazu in deinen Körper hinein und schau, welche körperlichen Empfindungen du hast. Wenn man wütend ist, passiert im Körper eine ganze Menge. Die aggressive Energie kann man beispielsweise häufig als Anspannung spüren, besonders im Bauch- oder Nackenbereich. Nimm diese Empfindungen wahr, ohne sie zu bewerten. Mache nun genau dasselbe mit deinen Gedanken. Bei Wut schießen einem für gewöhnlich alle möglichen hitzigen Gedanken durch den Kopf! Versuche trotzdem, so gut es geht, deine Gedanken nur wahrzunehmen. Lass dich nicht von ihnen davonreißen, und bewerte sie nicht, indem du sie gut oder schlecht findest. Gedanken kommen, sind da und gehen. Lass sie das einfach tun, ohne dich an sie zu klammern oder sie zu verdrängen. Wenn du auf diese Weise achtsam mit der Wut umgehst, dann passiert etwas Großartiges. Es öffnet sich plötzlich ein Raum. Die Achtsamkeit bringt sozusagen ein wenig Distanz zwischen dich und die Wut. Sie erlaubt dir zu erkennen, dass du nicht die Wut bist, das heißt, du hörst auf, dich mit ihr zu identifizieren. Du erkennst: Dir gehen zwar wütende Gedanken durch den Kopf, und du spürst die Wut auch in deinem Körper, aber du *bist* sie nicht.

Diese Methode lässt sich auch bei allen anderen schwierigen Gefühlen anwenden. Durch den neu gewonnenen Raum, der auch ein Handlungsspielraum ist, kannst du bewusster mit dem jeweiligen Gefühl umgehen. Dann bist du nicht länger ein Spielball deiner Emotionen, sondern kannst in einem viel größeren Ausmaß selbst bestimmen, was du tun möchtest und wie du reagierst. Du bist viel freier. Ist das nicht toll?

Ich kann mir Herrn Pauls bewundernswerte Selbstkontrolle nur durch ein hohes Maß an Achtsamkeit erklären. Denn nur, indem er aufmerksam in sich hineinschaute und sich seine widerstreitenden Gefühle bewusst machte – einerseits wollte er einen Happen von dem leckeren Essen, andererseits durfte er das nicht –, konnte er in seinem Handeln souverän bleiben und seiner Entscheidung klar folgen.

Tatsächlich kam es nur ein einziges Mal vor, dass er seine Beherrschung über Bord warf. An diesem Tag gab es Hähnchen. Ich bemerkte schon während des Essens, dass es Herrn Paul besonders schwerfiel, die Ruhe zu bewahren. Während er sonst mit stoischer Gelassenheit dabeisaß, wenn ich aß, war er diesmal auffällig unruhig und schnupperte mit seiner kleinen Schnauze aufgeregt in Richtung Teller. Und dann passierte es: Ehe ich mich's versah, stibitzte Herr Paul blitzschnell die Keule vom Teller und flüchtete mit seinem Diebesgut hinter die nächste Zimmerpflanze. Alles, was ich dann noch hörte, waren laute Schmatzgeräusche.

Ein weiterer Pluspunkt von Achtsamkeit ist, dass sie uns in der Gegenwart verankert. Und wie wertvoll das ist, haben wir ja schon in der ersten Weisheit erfahren. Denn schließlich gibt es in Wahrheit ja nichts außer ihr. Oder in den

Worten des bekannten spirituellen Lehrers Eckhart Tolle, in dessen Lehre das Gegenwärtigsein eine besonders wichtige Rolle spielt: »Es ist immer Jetzt.«

Durch Achtsamkeit können wir bemerken, wenn unsere Gedanken uns aus der Gegenwart befördert haben. Wenn das passiert, dann holen wir uns einfach wieder zurück ins Hier und Jetzt. Egal, wohin uns unsere Gedanken getragen haben, in dem Augenblick, in dem uns bewusst wird, dass wir nicht mehr in der Gegenwart sind, können wir wieder dahin zurückkehren. Wie das geht? Ganz einfach: Es genügt bereits, dass wir uns darüber klar werden, nicht mehr in der Gegenwart zu sein, um uns wieder hierher zurückzubringen.

Im Gegensatz zu den Gedanken, die zeitlich blitzschnell hin und her springen können, ist unser Körper immer im Jetzt. Daher ist es hilfreich, sich auf den Körper und die körperlichen Empfindungen zu konzentrieren, um in die Gegenwart zu kommen.

Als Meister der Achtsamkeit wusste Herr Paul das natürlich. Während ich als Träumer häufig überhaupt nicht im Jetzt anwesend war, war Herr Paul immer da – und wie mir schien, war er vor allem bewusst und genussvoll in seinem Körper präsent.

»Genießen« – das Wort beschreibt die körperliche Achtsamkeit von Herrn Paul vielleicht am besten. Denn egal, ob er Körperpflege betrieb und sich das Fell ausgiebig leckte oder sich nach einem Nickerchen als Erstes systematisch streckte, jede noch so kleine Handlung führte er nicht nur sehr bewusst aus, sondern sie wirkte auch äußerst genussvoll.

Man sah das auch an seinem Gang. Trotz seines fortgeschrittenen Alters bewegte Herr Paul sich stets elegant und geschmeidig. Das machte mir klar, dass selbst so eine alltägliche Handlung wie simples Gehen genussvoll sein kann, wenn man sie nur bewusst und achtsam ausführt. Inspiriert von meinem Kater versuchte ich nach und nach, meinen Körper achtsamer wahrzunehmen. Also nicht immer nur in meinen Gedanken und damit in meinem Kopf zu sein, sondern mehr in meinem Körper und seinen Empfindungen.

Mit dem Gehen fing ich an. Normalerweise ging ich, ohne dass es mir bewusst war. Das musste es ja auch nicht,

schließlich hatte ich wie wir alle irgendwann zu gehen gelernt und brauchte, als ich es einmal verstanden hatte, keinen Gedanken mehr daran zu verschwenden. Solche automatisierten Tätigkeiten haben natürlich Vorteile, weil man dann nicht die ganze Aufmerksamkeit darauf richten muss, sondern noch andere Sachen nebenher machen kann.

Sie haben aber auch Nachteile. Denn wenn wir eine Sache unbewusst und eher automatisch machen, geht häufig etwas verloren: das gute Gefühl, das mit vielen körperlichen Tätigkeiten verbunden ist. Dies lässt sich insbesondere dann erfahren, wenn man eine Handlung achtsam ausführt. Gehen – das fand ich heraus, als ich es bewusster machte – kann ein sehr genussvoller Vorgang sein: das Aufsetzen der Füße auf den Boden, das sanfte Abrollen über den Ballen, das Zusammenspiel der verschiedenen Muskeln im Körper, die Pendelbewegung der Arme, der durch die Bewegung entstehende Lufthauch, den man auf der Haut spürt. All das fühlt sich körperlich gut an und ist auf eine simple und doch fundamentale Weise befriedigend.

Mit der Zeit fiel es mir immer leichter, achtsam zu gehen. Und je besser es mir gelang, umso mehr Freude hatte ich daran. Ich ging mehr und mehr und nahm auch für Strecken, die ich aus Faulheit normalerweise anders zurückgelegt hätte, meine Füße.

Ich ließ es nicht beim achtsamen Gehen bewenden, weil ich erkannte, dass der Alltag unendlich viele Gelegenheiten bietet, sich in Achtsamkeit zu üben. Im Grunde gibt es keine Tätigkeit, die man nicht achtsam ausführen kann, ob man nun das Frühstück vorbereitet, in einer Warteschlange steht oder die Wohnung putzt. Ja, man muss nicht mal irgendetwas Bestimmtes tun, um achtsam zu sein. Selbst wenn man einfach nur steht, sitzt oder liegt, kann man sein Bewusstsein in den Körper bringen und so große Freude am Nichtstun haben. Herr Paul, der wie alle Katzen einen Großteil des Tages mit Nichtstun, das heißt mit Schlafen oder Dösen verbrachte, hatte das anscheinend schon sehr viel früher erkannt als ich. Der kleine, alte Kater hatte im Nichtstun eindeutig den schwarzen Gürtel.

Interessanterweise fällt es vielen Menschen sehr schwer, nichts zu tun. Wir klagen zwar häufig über zu viel Arbeit, aber wirkliches Nichtstun ist eine hohe Kunst, die nur ganz wenige beherrschen. Hierzu gibt es sogar interessante wissenschaftliche Studien. Forscher von der University of Virginia haben Personen vor die simple Aufgabe gestellt, auf einem Stuhl in einem ansonsten leeren Raum zu sitzen und sich im Kopf mit einem Thema eigener Wahl zu beschäftigen. Die Versuchsteilnehmer hatten nichts dabei, womit sie sich ablenken konnten, keine Smartphones, Bücher oder Ähnliches. Sie waren also wirklich mit sich selbst allein.

Und siehe da: Die Erfahrung, keinen Zeitvertreib zu haben und nur mit seinen Gedanken alleine zu sein, war für die meisten Teilnehmer äußerst unangenehm. Sie fühlten sich unruhig, angespannt, unwohl. In einem anderen Versuchsaufbau der gleichen Reihe hatten die Teilnehmer die Möglichkeit, sich selbst leichte Stromstöße zu verpassen, um sich vom Nichtstun abzulenken. Man mag es kaum glauben, aber tatsächlich zogen es zwei Drittel der männlichen und ein Viertel der weiblichen Teilnehmer vor, sich innerhalb einer Viertelstunde mindestens einen Stromschlag zu geben, statt ausschließlich mit sich und ihren Gedanken allein zu sein. Verrückt, oder?

Nichtstun ist also wirklich schwierig. Es kommt nicht von ungefähr, dass wir immer unsere Smartphones in Reichweite

haben und durchschnittlich achtundacht-
zigmal am Tag darauf schauen, uns stundenlang vor dem Fernseher zerstreuen
oder die sozialen Netzwerke ständig auf
Neuigkeiten hin checken. Jede Ablenkung
ist willkommen. Das gilt aber nur, wenn man
nicht in Achtsamkeit geübt ist. Wenn man es ist, fällt es nämlich ganz leicht, die Freuden des Nichtstuns für sich zu entdecken und ausgiebig zu genießen.

# DIE FREUDEN DES
# NICHTSTUNS ENTDECKEN

Wenn es etwas gibt, worin wir Katzen wirklich
gut sind, dann ist es Nichtstun! Auf der faulen Haut
liegen, an einem kuscheligen, warmen Ort dösen,
schlafen – hast du gewusst, dass wir das bis zu
achtzehn Stunden am Tag machen? In Sachen
Nichtstun kommt an uns wirklich keiner heran.
Und da euch Zweibeinern dies ja offenbar deutlich
schwerer fällt, ist es mir ein Vergnügen, dich in
das Geheimnis des Nichtstuns einzuweihen.
Angenommen du hast gerade keine Aufgabe zu
erledigen, niemand ist da, mit dem du dich
unterhalten kannst, und auch sonst ist weit und
breit keine Ablenkung in Sicht – was machst
du dann? Normalerweise würdest du ziemlich
schnell anfangen, in deinen Gedanken abzudriften,
zu grübeln, dir Sorgen zu machen. Und plötzlich
hättest du schlechte Laune. Deswegen mögen
viele Menschen es auch nicht, länger mit sich
selbst allein zu sein.

Es stimmt aber nicht, dass es in so einem Moment nichts gibt, womit du dich ablenken könntest. Du hast nämlich etwas dabei, auf das du deine Aufmerksamkeit lenken kannst: dich selbst. Solange du lebst, hast du immer dich selbst im Schlepptau, wie wär's also, wenn du deine Aufmerksamkeit auf dich richtetest? Der erste Schritt, um das Nichtstun zu genießen, besteht deswegen darin, deine Aufmerksamkeit auf deinen Körper zu richten. Ganz egal, ob du sitzt, stehst oder liegst – spüre in dich hinein. Fühlst du dich irgendwo angespannt, oder ist deine Haltung unbequem? Korrigier das, entspann dich und mach es dir so bequem, wie du kannst. Und jetzt das eigentliche Geheimnis: Verbinde dich mit deinem Atem.

Zu atmen ist unfassbar angenehm. Das wissen die wenigsten, denn der Körper macht es automatisch, weshalb wir eher selten auf den Atem achten. Atme mal bewusst, und zwar in deinen Bauch hinein. Beim Einatmen sollte sich die Bauchdecke heben, beim Ausatmen senken.

Die Bauchatmung ist ganz natürlich, alle Babys
machen sie automatisch. Sie ist wie eine
wohltuende Massage, die du dir selbst verpasst.
Durch sie beruhigst du dich, denn sie signalisiert
deinem Körper: »Alles easy, keine Gefahr in Sicht.«
Du brauchst den Atem nicht zu lenken, lass ihn
einfach kommen und gehen, wie er möchte:
kurze Atemzüge sind kurz, lange lang –
beide sind in Ordnung. Spürst du, wie gut
das Atmen tut? Genieß es. Achtsam in deinen
Bauch zu atmen ist so, als würdest du leise in
dich hineinschnurren. Probier es aus!

Durch Achtsamkeit lernen wir, immer mehr in der Gegenwart zu sein. So sind wir wirklich anwesend in unserem Leben, statt wie so oft zerstreut und unaufmerksam alles nur halb mitzubekommen. Wir empfangen den Augenblick mit weit geöffneten Sinnen. Durch Achtsamkeit bekommt unser Leben allmählich eine völlig neue Intensität. Sie durchströmt unseren Alltag mit Kraft, Gelassenheit und Lebensfreude.

# 7. Weisheit
*Fauchen, kratzen, schnurren – zeigen, was man fühlt*

Wenn es Herrn Paul gut ging und die Welt für ihn in Ordnung war, dann schnurrte er (wie alle Katzen).

Lag er auf meinem Bauch und schnurrte leise vor sich hin, hatte ich oft das Gefühl, dass die sanften Vibrationen seines Schnurrens sich direkt von seinem Körper in meinen übertrugen, und auch in mir breitete sich eine friedvolle Ruhe aus. Es war ein leises Katzen-Om, das uns in derselben Frequenz schwingen ließ und ganz unmerklich die Grenzen zwischen uns verwischte.

Zu dieser Zeit hatte ich gerade die Zen-Dichtung für mich entdeckt und manchmal selbst zaghafte Schreibversuche in diese Richtung unternommen. Herrn Pauls Schnurren mochte ich so sehr, dass ich es in einem kleinen Gedicht festgehalten habe:

Lässig
wie auf einem Boot
lässt Herr Paul sich
auf meinem Bauch
treiben.
Ich lausche seinem leisen Schnurren
– und unbemerkt wird es
zu meinem.

Doch nicht nur durch Schnurren drückte Herr Paul seine Gefühle aus. Er miaute auch, um sich mitzuteilen. Dabei hatte er eine besondere Angewohnheit: Sein Miauen war fast immer lautlos, das heißt, seine Schnauze öffnete sich zwar, aber kein Ton oder nur ein ganz, ganz leiser kam dabei heraus. Wenn er Hunger hatte, dann miaute er mich beispielsweise in der Küche neben seinem Fressnapf an. Und auch wenn kein Ton hervorkam, wusste ich natürlich immer, was zu tun war – und griff in den Schrank nach den Katzenfutterdosen.

Was das Miauen anging, war Herr Paul eine Ausnahme. Normalerweise können Katzen auf viele unterschiedliche Arten miauen: von so sanft und leise, dass man es kaum hören kann, bis so kräftig und bestimmt, dass man schon schwerhörig sein muss, um es nicht mitzubekommen. Durch die Lautstärke und verschiedenen Klangfarben können sie treffsicher alle möglichen Gefühle ausdrücken. So sah das auch schon der Schriftsteller E. T. A. Hoffmann, in dessen Werk Katzen eine prominente Rolle spielen: »… dann die wunderbare Gabe, durch das einzige Wörtchen ›Miau‹ Freude, Schmerz, Wonne und Entzücken, Angst und Verzweiflung, kurz alle Empfindungen und Leidenschaften auszudrücken. Was ist die Sprache der Menschen gegen dieses einfachste aller einfachen Mittel, sich verständlich zu machen!«

Wenn Herr Paul sich vor etwas fürchtete, dann kam es vor, dass er einen Buckel machte. Das ist ein alter Katzentrick, um möglichst groß und bedrohlich zu erscheinen. Gefiel ihm etwas nicht, dann fauchte er manchmal. In was für einer Stimmung er auch war, für jede Gefühlslage schien er das passende Ausdrucksmittel zu haben. Und das war gut und wichtig so, denn:

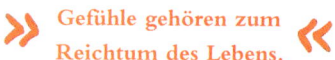

**Gefühle gehören zum Reichtum des Lebens.**

Stell dir vor, du würdest in einer Welt ohne Gefühle leben. Du würdest keine Freude kennen, keine Begeisterung und keine Liebe. Und auch keines der anderen Gefühle, die wir normalerweise als erhebend und angenehm empfinden. Das wäre natürlich schade. Du würdest dann natürlich auch kein Leid kennen, keine Angst, keine Verzweiflung usw. Das wiederum klingt doch sehr an-

genehm, oder nicht? Doch Hand aufs Herz: Was wäre das für ein Leben, so ganz ohne himmelhoch jauchzend und zu Tode betrübt? Es wäre langweilig und fad. Einfach nur zum Gähnen! Obwohl – streng genommen gäbe es Langeweile dann ja auch nicht.

Es ist also gut, dass es die ganze Gefühlspalette gibt. Sie ist Teil unserer Vielfalt; durch sie können wir beides, Licht und Schatten, Freude und Leid erfahren. Anders wäre es auch gar nicht möglich, denn wir wissen ja, ohne Schatten gibt es kein Licht. In der Freude ist also bereits ihr Gegenteil, das Leid, angelegt und umgekehrt.

Herr Paul, meine weise Buddha-Katze, wusste intuitiv, dass wir erst durch unsere Gefühle richtig lebendig werden. Und dass es zum Leben dazugehört, mal das eine und mal das andere zu empfinden: an einem Tag vor lauter Glück gar nicht mehr aufhören können zu schnurren (weil ich ihn zielstrebig ins Katzennirwana kraulte) und an einem anderen Tag vor Angst zu zittern (was vorkam, wenn der ausgebüxte Nachbarshund auf ihn losging). Er zeigte mir, dass man die Gefühle am besten nimmt, wie sie kommen, ohne die freudigen herbeizuwünschen und die leidvollen abzulehnen.

Zu fühlen heißt zu leben. Daher ist es auch so wichtig, seine Gefühle wirklich zu *er*leben und sie im eigenen Körper zu erfahren. Ganz gleich, ob es das Verliebtsein ist, das so leicht und glücklich stimmt, dass man die Sterne umarmen möchte, oder die Trauer, die das Herz so schwer und dunkel macht, dass man meint, man könnte ein Meer weinen.

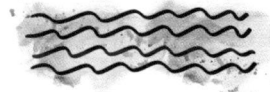

# ENTDECKE,
# WIE REICH DU BIST!

Vielleicht ist dir gar nicht bewusst, wie reich du bist:
reich an Gefühlen und damit reich an Leben.
Falls es tatsächlich so sein sollte, sei beruhigt:
Vielen Menschen geht es wie dir. Es ist aber schön
und macht glücklich, sich klarzumachen, wie sehr
man eigentlich in der Fülle lebt und wie ungeheuer
reich das eigene Leben tatsächlich ist. Um das zu
erkennen, habe ich hier eine kleine Übung für dich.
Nimm dir etwa eine Viertelstunde Zeit dafür.
Alles, was du brauchst, ist ein Blatt Papier und ein
Stift. Teile das Blatt durch einen senkrechten Strich
in der Mitte in zwei Hälften. Und dann geht es los:
Schreibe in die linke Spalte alle positiven, schönen
und freudigen Gefühle, die du in letzter Zeit hattest.
Vielleicht hast du ein Geschenk bekommen, über das
du dich gefreut hast, oder bist jemandem begegnet,
den du besonders magst. Oder du hattest ein schönes
Erlebnis – einen Kinobesuch mit Freunden, warst essen
oder im Konzert –, das dich glücklich gemacht hat.
In die gegenüberliegende Spalte schreibst du nun alle

negativen, traurigen und sorgenvollen Gefühle, die du erlebt hast. Vielleicht hattest du eine unangenehme Begegnung oder Stress auf der Arbeit.

Vermutlich steht jetzt in beiden Hälften etwas. Du hast also sowohl schöne, freudige Gefühle erlebt als auch leidvolle, unschöne. Nimm dir nun ein wenig Zeit, um dir den ganzen Reichtum deiner Gefühle vor Augen zu führen. Fange dabei mit der linken Spalte an. Die positiven Gefühle machen dein Leben schön und bereichern es durch das Glück, das du durch sie erfährst. Du kannst also wirklich dankbar für sie sein. Wenn es dir schlecht geht, ist es eine gute Idee, das Blatt hervorzunehmen und dir die schönen Gefühle in Erinnerung zu rufen.

Gehe nun zur rechten Spalte über. Auch die Gefühle, die eher schwierig und dunkel sind, gehören zu dir und deinem Reichtum. Versuch sie also als einen Teil von dir zu sehen, der natürlich ist und dir erlaubt, das ganze Panorama des Menschseins zu erfahren. Das ist kostbar, auch wenn es auf den ersten Blick nicht so scheint. Vermutlich denkst du dir, dass du auf diese Gefühle gerne verzichten könntest. Aber dann würdest du etwas verlieren. Erkenne, dass sich die positiven Gefühle auf der linken und die negativen auf der rechten Seite in dir ergänzen. Sie schenken dir Ganzheit und machen dich zu dem, was du bist: ein komplex-strahlendes, vieldimensionales Juwel.

Wer seinen Gefühlen keinen Raum gibt, sie nicht wahrnimmt, fühlt und erlebt, der beschneidet sich in der Fülle seines Seins und nimmt sich einen Großteil seiner Lebendigkeit. Wir sind nicht auf der Welt, um gefühllos wie Roboter herumzulaufen. Das Leben will gelebt werden. Und das bedeutet, dass es auch gefühlt werden will – in all seiner Fülle.

Viele Menschen glauben, wenn von Erwachen die Rede ist, bedeute dies, einen immerwährenden Glückszustand erreicht zu haben und dass ein Erwachter nichts als Freude, Glück und Heiterkeit fühlt. Das ist aber nicht so. Die Erwachten der Vergangenheit von Buddha an fühlten und empfanden genauso wie du. Ganz genauso: Sie waren verliebt, trauerten, spürten Verdruss und mussten manchmal vor Langeweile gähnen. Nur weil jemand erwacht ist, bedeutet das nicht, dass er kein Mensch mit alltäglichen Gefühlen und Empfindungen mehr ist. Ganz im Gegenteil.

Zu erwachen bedeutet, seine Gefühle in ihrer ganzen Fülle zu erleben. Viele Menschen tun das wie gesagt nicht. Sie geben ihren Gefühlen keinen Raum, sondern schieben sie weg und unterdrücken sie. Dass wir das überhaupt können, beruht auf dem hohen Maß an Bewusstheit und freiem Willen, das wir Menschen haben.

Als Katze hatte Herr Paul diese Möglichkeit nicht. Ein Gefühl und sein Erleben dieses Gefühls waren bei ihm vermutlich ein und dasselbe. Er war immer ganz in der Gegenwart, und das bedeutet, dass er auch ganz in dem Gefühl war, das der jeweilige Augenblick mit sich brachte. Egal, ob er hungrig, müde, glücklich oder erschöpft war – das Gefühl war da und er fühlte es. Ganz einfach. Diese Haltung ist auch für uns Menschen empfehlenswert, denn Gefühle zu unterdrücken ist aus verschiedenen Gründen sehr ungesund. Abgesehen davon, dass es einfach eine kräftezehrende, anstrengende Sache ist, wandern dauerhaft nicht ausgelebte Gefühle ins Unbewusste ab. Hier sind sie aber noch immer wirksam und beeinflussen gewissermaßen aus dem Dunkeln heraus unsere ganze Persönlichkeit negativ: unseren Charakter, unser Denken und Handeln, unsere Wünsche und Sehnsüchte.

Es gibt aber noch einen anderen Grund, wieso es so wichtig ist, seine Emotionen wirklich zu erleben:

 **Gefühle sind ein Tor zu uns selbst. Sie helfen uns herauszufinden, was wir wirklich wollen und brauchen.**

Dieser Punkt ist nicht zu unterschätzen. Unsere Wünsche und Bedürfnisse können wir nur wahrnehmen, wenn wir aufmerksam in uns hineinhor-

Fauchen, kratzen, schnurren – zeigen, was man fühlt

chen. Wenn wir das tun, sagen uns unsere Emotionen ganz klar, ob sich etwas gut oder schlecht für uns anfühlt, ob uns etwas Freude oder Angst macht oder wie wir zu einer Situation wirklich stehen.

Auch was das anging, war mir Herr Paul ein Vorbild. Ganz zu Beginn unserer Freundschaft, als er noch nachts auf der Veranda schlief, bot ich ihm eines Abends ein Schälchen Kakao an. Ich dachte mir, Milch ist gesund und der Kakao darin kann es für Mensch und Tier eigentlich nur noch besser machen. Meine Absicht war es, Herrn Paul eine Freude zu bereiten. Ich wollte ihn ein wenig aufpäppeln, denn er sah zu dieser Zeit ja noch so mager und schwach aus. Ich rührte also etwas Kakaopulver in die Milch, füllte sie in ein Schälchen und ging damit hinaus. Herr Paul war neugierig, was ich ihm brachte. Er stand von seinem Lager auf, näherte sich der Schale und schnupperte daran. Dann wandte er sich abrupt ab und legte sich wieder hin.

Ein kurzes Schnuppern hatte ihm genügt, um intuitiv zu wissen, dass Kakao giftig für ihn ist. Als Katze kann er das darin enthaltene Theobromin nicht verdauen. Damals hatte ich davon keine Ahnung gehabt, sondern las es erst viel später einmal zufällig. Da erinnerte ich mich an meine missglückte Samaritertat, und plötzlich ging mir ein Licht auf. Herr Paul hingegen brauchte nichts zu lesen. Er roch am Kakao, ekelte sich davor – deswegen wandte er sich vermutlich so plötzlich davon ab – und entging so einer Vergiftung.

Ekel ist ein Gefühl, das uns davor schützen soll, Nahrung zu essen, die uns nicht guttut. Das gilt mit Sicherheit auch für Katzen. Der springende Punkt hier ist: Herr Paul hörte auf sein Gefühl. Es sagte ihm ganz genau, was für ihn gut ist und was nicht.

Während Herr Paul also gut darin war, auf seine Gefühle zu hören, war ich es ganz und gar nicht. Zum Beispiel war ich wirklich weltmeisterlich darin, Aufgaben bis auf den allerletzten Drücker hinauszuschieben. Wenn ich eine Hausarbeit für die Uni schreiben musste, artete das regelmäßig in ein Debakel aus. Denn auch wenn ich einen Monat Zeit zum Schreiben hatte, setzte ich mich doch erst drei Tage vor Abgabe hin und brachte den Text hastig zu Papier.

Die ganze Zeit über wusste ich genau, dass ich eigentlich nur ein wenig früher anfangen müsste, um entspannt arbeiten zu können. Ich hätte genug Zeit, um mein Thema gründlich zu recherchieren, mir eine sinnvolle Struktur auszudenken und könnte dann überlegt und in aller Ruhe schreiben. Aber so war es nie! Wenn ich schrieb, dann immer nur unter extremem Zeitdruck. Der näher rückende Abgabetermin schwang dabei wie eine Sense über mir, die sich langsam in Richtung Kopf senkte. Und je näher sie kam,

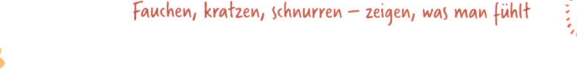

umso hastiger und panischer wurde ich. Mir gelang es zwar immer irgendwie, den Abgabetermin einzuhalten, doch es war jedes Mal aufs Neue ein großer Kampf.

Schlimm war es auch, weil ich schon in den Wochen davor ständig daran dachte, dass ich mich eigentlich mit meiner Hausarbeit beschäftigen müsste. Da war dieses ungute Gefühl in meinem Bauch, dass ich nicht das tat, was ich eigentlich tun sollte. Immer wieder ploppte eine Art Druck oder Spannung in meinem Bewusstsein auf. Je näher der Abgabetermin rückte, umso stärker wurde das Gefühl. Also verdrängte ich es, so gut ich konnte, und machte alles Mögliche, um mich davon abzulenken.

Das lief so lange nach diesem Schema ab, bis ich einmal eine Hausarbeit schrieb, bei der ich wirklich fast kollabiert wäre. Ich arbeitete drei Tage und Nächte durch, ohne zu schlafen, konnte kaum noch klar denken und kam zu allem Überfluss nicht gut voran. Es gelang mir zwar, die Arbeit in allerletzter Minute noch rechtzeitig abzugeben, doch auf dem Weg zur Uni hätte ich fast einen Unfall gebaut. Nach dieser Aktion war ich so am Ende, dass ich mir schwor, beim nächsten Mal früher anzufangen.

Als es dann so weit war und die nächste Studienarbeit anstand, merkte ich trotz meines Vorsatzes, dass ich wieder anfing zu verdrängen. Das ungute Gefühl, meine Ablenkungs-

manöver, alles war wie immer. Doch dann, in einem kurzen Augenblick der Klarheit, erinnerte ich mich daran, wie katastrophal es das letzte Mal gewesen war, und ließ das Gefühl, das ich sonst immer verdrängt hatte, erstmals zu. Ich gab ihm Raum und erkannte: Der Grund, wieso ich meine Arbeiten immer auf den letzten Drücker schrieb, war Angst.

Ich spürte sie ganz klar als eine erdrückende Enge in meiner Brust. Die schlichte Wahrheit war, dass ich Angst hatte zu versagen. Nur aus diesem Grund schob ich die Hausarbeiten so lange vor mir her, bis es wirklich nicht mehr später ging. Ich brauchte den Zeitdruck, um meine Angstmauer zu durchbrechen. Nachdem ich das einmal erkannt hatte, war ich nicht nur sehr erleichtert, sondern fing auch das erste Mal in meinem Leben rechtzeitig mit der Arbeit an.

# FÜHLEN, WAS GEFÜHLT
# WERDEN WILL

Gibt es auch bei dir Gefühle, die du wegschiebst oder verdrängst? Das würde mich nicht wundern, denn ihr Zweibeiner seid darin große Klasse. Als Kater kann ich dir aber sagen, dass alle Gefühle einen Sinn haben und dir etwas mitteilen wollen. Etwas über dich selbst und das, was du wirklich willst und brauchst.

Es ist also sinnvoll, von Zeit zu Zeit in dich hineinzuhorchen und zu schauen, wie es um deine Gefühle in Wahrheit bestellt ist. Gibt es welche, die du hast, aber nicht zulässt? Gefühle, die möglicherweise tief in dir schlummern, derer du dir vielleicht nur halb bewusst bist oder die du vor langer Zeit in dir vergraben hast? Ich sag dir was: Sie wollen ans Licht. Sie wollen gefühlt, ausgedrückt und gelebt werden.

Du solltest dir also wirklich über deine Gefühle klar werden, insbesondere über die nicht gelebten. Wie man das macht? Tja, normalerweise ist das nicht allzu schwer, denn man weiß tief im Inneren

meist, dass da etwas ist, das eigentlich hinaus
möchte, und spürt eine Spannung in sich.
Wenn diese Spannung nicht aufgelöst wird,
indem man das Gefühl zulässt, dann verwandelt
sie sich oft in Niedergeschlagenheit, die bis zu
einer tief empfundenen Leere reichen kann.
Versuche also deine Gefühle wahrzunehmen,
erkenne sie an und drücke sie aus. Sei authentisch.
Wenn du das machst, wirst du sehen:
Du bist viel mehr im Einklang mit dir selbst,
mit dem, wer du wirklich bist, und dem,
was du wirklich brauchst. Probier es aus!

Die Sache mit den Hausarbeiten zeigte mir, dass wir durch unsere Gefühle erkennen können, welche Bedürfnisse wir überhaupt haben. Und wenn wir sie erkannt haben, dann helfen uns die Gefühle im Anschluss dabei, die Bedürfnisse auch wirklich in die Tat umzusetzen. So kann es uns gelingen, im Einklang mit uns selbst zu leben. Wie gut also, dass wir Gefühle haben. Sie sind die Wegweiser zu unserem wahren Selbst.

# 8. Weisheit
## Gelassen sein wie ein gemütlicher Stubenkater

*O*b eine sausende Party im Gange war, ich laut auf der E-Gitarre spielte oder staubsaugte – es gab fast nichts, was Herrn Paul aus der Ruhe bringen konnte. Er ruhte in sich wie ein waschechter Buddha. Inmitten des größten Trubels konnte er seelenruhig schlafen oder es sich auf irgendeinem Schoß bequem machen, sich friedlich zusammenrollen und leise schnurren.

Es war nicht zu übersehen, dass Herr Paul ein geradezu übermenschliches Maß an Gelassenheit besaß. Eine wiederkehrende Situation in unserem Alltag machte das besonders offensichtlich. Herr Paul pflegte, wenn er Hunger hatte, sich in der Küche vor sein leeres Schälchen zu setzen. Ich verstand diese lautlose Botschaft natürlich sofort und gab ihm normalerweise immer einen Happen zu fressen. Manchmal aber nicht. Etwa, wenn er vor nicht allzu langer Zeit bereits etwas gefressen hatte. Dann saß Herr Paul einfach weiter vor seinem Schälchen und wartete. Wenn er merkte, dass er jetzt tatsächlich nichts bekommen würde, trottete er langsam davon. Er tat das aber keineswegs eingeschnappt oder sonst wie verstimmt. Er war einfach wie immer: ganz ruhig, völlig entspannt und durch und durch gleichmütig. Ich wusste übrigens, dass er nicht eingeschnappt war, weil es vorkam, dass er sich direkt danach auf meinen Schoß setzte, um sich kraulen zu lassen.

Woher nahm Herr Paul diese Gelassenheit? Leicht wäre es zu sagen, dass sie einfach in ihm war. Und vielleicht war es ja wirklich so. Vielleicht wurde er bereits als ein vollkommen gelassener Kater geboren. Ich könnte mir vorstellen, dass er früher als ein kleiner, feuchter schwarz-weißer Fellklumpen aus seiner Katzenmama herausschlüpfte und schon zu diesem Zeitpunkt ein vollendeter Meister der Gelassenheit war. Das hätte irgendwie zu ihm gepasst. Vielleicht hatte er es aber auch erst mühsam im Laufe seines Lebens gelernt, gelassen zu sein. Durch Rückschläge und Fehler, die ihm mit der Zeit zeigten, dass man die Stürme des Lebens am besten mit Ruhe nimmt. Denn gelassen wie ein Buddha zu werden, das kann man lernen:

**» Für Gelassenheit muss man aus buddhistischer Sicht vor allem zwei Dinge können: Nichtunterscheiden und Loslassen. «**

Beides hängt miteinander zusammen. Aber was ist damit gemeint?

Fangen wir mit dem Nichtunterscheiden an. Normalerweise gehen wir durchs Leben mit einem unterscheidenden Bewusstsein. Das heißt, für uns sind die Dinge nicht nur einfach so, wie sie sind. Ein Auto, ein Hemd oder ein Schuh ist niemals nur ein Auto, ein Hemd oder ein Schuh. Wenn wir etwas wahrnehmen, fangen wir sofort an, es in verschiedener Hinsicht zu unterscheiden. Der Schuh etwa kann nagelneu oder alt und abgewetzt sein. Es kann ein teurer handgefertigter Schuh oder billige Massenware sein. Er kann aus Leder oder Stoff sein. Schwarz, braun oder rot. Schön oder hässlich. Modisch oder altmodisch. Für Frauen oder Männer. Und so weiter und so fort.

Wir unterscheiden aber nicht nur bei Dingen, sondern auch bei Menschen. Wenn wir jemandem begegnen, dann ist es niemals nur ein Mensch, sondern wir fragen uns: Ist es ein Mann oder eine Frau? Ist er jung oder alt? Groß oder klein? Schön oder hässlich? Haarfarbe? Augenfarbe? Wie ist er gekleidet? Aus Kleidung, Sprache und Benehmen schließen wir weiter auf Bildung, Herkunft und sozialen Status. Der Mensch uns gegenüber ist also nicht bloß ein Mensch, sondern bewusst oder unbewusst fangen wir sofort an, ihn zu analysieren, um ihn in eine Schublade zu stecken.

Sowohl bei Dingen als auch bei Menschen ist es völlig natürlich, dass wir diese Unterscheidungen treffen. Unser Gehirn ist evolutionär so programmiert, denn Millionen von Jahren war es für das Überleben schlichtweg notwendig, beispielsweise eine essbare Pflanze von einer giftigen zu unterscheiden. Oder einen Freund von jemandem, der uns mit dem Knüppel eins überbraten will. Aber so hilfreich die Fähigkeit des Unterscheidens für unser Überleben auch war, sie hat auch ihren Preis. Denn aus dem Unterscheiden geht etwas anderes hervor: Begehren und Ablehnung, die Buddhisten sprechen auch von Anhaftung.

 Was heißt das nun genau? Bleiben wir bei dem Bild von eben: Angenommen, uns fällt ein schönes Paar Schuhe an den Füßen von jemandem ins Auge, der uns zufällig auf der Straße begegnet. Dann denken wir womöglich: »Diese Schuhe sehen aber schick aus. Bestimmt würden sie mir perfekt stehen. Die muss ich haben!« Oder eben das schicke Auto, den tollen Job usw. Das ist Begehren: Wir fühlen uns hingezogen zu Dingen, die wir mögen, und wollen sie haben.

Das Gegenteil von Begehren ist Ablehnung. Wir verspüren einen Widerwillen, wenn wir mit Dingen oder Tätigkeiten konfrontiert werden, die uns missfallen: der verlegte

Autoschlüssel, der fünfte Regentag in Folge, die überfällige Steuererklärung. Jeder kennt solche Situationen: Man wird ungeduldig, schlecht gelaunt oder wünscht, man hätte es schon hinter sich.

Sowohl Begehren als auch Ablehnung verhindern, dass wir gelassen im Augenblick leben. Stattdessen leiden wir. Denn wenn wir etwas begehren, dann wollen wir etwas haben – eine Sache, einen Zustand, ein Gefühl –, das wir nicht haben. Und umgekehrt wünschen wir uns beim Ablehnen, etwas nicht zu haben, das aber da ist. Was für ein Dilemma! Tatsächlich verbringen wir einen Großteil unserer Zeit damit, uns Dinge, Situationen und Gefühle zu ersehnen oder die gegebenen Umstände abzulehnen. So aber finden wir niemals zur Ruhe.

Um so gelassen zu werden wie Herr Paul, muss man, das verrät uns schon das Wort, die Dinge, so wie sie sind, *sein lassen* können. Ein wichtiger Bestandteil von Gelassenheit ist also, dass wir die Vorstellung loslassen, dass etwas unbedingt so sein muss, wie wir es gerne hätten. Das ist es, was die Buddhisten mit Anhaften meinen: Solange wir anhaften, also unser Wohlbefinden davon abhängig machen, ob das, was wir uns wünschen, eintritt, leiden wir. Dann sind wir unglücklich und nicht im Einklang mit uns selbst. Aus buddhistischer Sicht müssen wir also lernen, das Anhaften an unsere (Wunsch-)Vorstellungen loszulassen, um wirklich gelassen sein zu können.

Herr Paul konnte das sehr gut. Denn wenn er in der Küche vor seinem Schälchen saß und darauf wartete, dass es sich füllte, dann war er offenbar nicht darauf fixiert, dass sein Wunsch sich auch erfüllt. Nur so konnte er völlig gleichmütig von dannen ziehen, wenn er kein Katzenfutter von mir bekam. Da er sein Glück nicht davon abhängig machte, ob sich die Schale füllte, war er auch nicht unglücklich, wenn sie leer blieb. Ganz einfach. Er hatte schlicht losgelassen.

# LET'S CHILL –
# GELASSEN WARTEN

Warten – wer macht das schon gerne?
Vermutlich weder Katzen noch Menschen.
Du kennst doch bestimmt auch dieses ungute Gefühl,
das man häufig dabei hat. Eine Art Ungeduld,
die mit dem ständigen Gedanken an das Erwartete
einhergeht: Wann kommt denn endlich der Anruf?
Oder der Besuch? Oder die Maus aus dem Loch?
Wenn du das nächste Mal wartest, dann versuch
es doch mal auf die Katzenart: Lass die Erwartung
einfach los. Dabei helfen zwei Methoden:
Frag dich, ob du das erwartete Ereignis beeinflussen
kannst. Wenn die Antwort Ja ist, dann liegt es
wenigstens zum Teil in deiner Hand, ob das
Ereignis eintritt. Du kannst also die Initiative ergreifen
und selbst aktiv werden. Mach das. Wenn die
Antwort dagegen Nein ist, dann liegt es nicht in deiner Macht, ob das Ereignis eintritt oder nicht. Also
kannst du es genauso gut auch loslassen. Sich über
seine Optionen klar zu werden, erleichtert es sehr,
in einen Zustand der Erwartungslosigkeit zu kommen.

Um gelassen zu warten, hilft es immer, bewusst im Hier und Jetzt zu sein. Denn wer wartet, ist mit seinen Gedanken bei einem Ereignis, das in der Zukunft liegt. Die Lösung liegt also mal wieder darin, mehr im Augenblick zu sein. Wieso warten und sich damit die Laune verderben, wenn man sich stattdessen einfach am Jetzt erfreuen kann?

Wie wichtig es ist, loszulassen, dazu gibt es eine bekannte buddhistische Anekdote:

Zwei Mönche machen eine Pilgerreise. Sie kommen an einen Fluss mit starker Strömung. Dort steht eine junge hübsche Frau, die sich davor fürchtet, den Fluss zu durchqueren. Ohne zu zögern, geht einer der Mönche zu der Frau, hebt sie auf seine Schultern und trägt sie zum anderen Ufer. Sie bedankt sich und geht ihres Weges. Daraufhin setzen die beiden Mönche ihre Pilgerreise fort. Stunden später fängt der Mönch, der die Frau nicht trug, an, den anderen zu kritisieren. Wütend sagt er: »Du weißt doch, dass es uns als Mönchen nicht erlaubt ist, Frauen anzufassen! Wie konntest du nur gegen diese Regel verstoßen?« Der Mönch, der die Frau durch den Fluss getragen hat, hört sich die Vorwürfe des anderen ruhig an. Dann antwortet er: »Ich habe die Frau vor Stunden am Ufer des Flusses gelassen – warum trägst du sie immer noch mit dir herum?«

ENDE

Einer der Mönche hat also offensichtlich ein Problem damit loszulassen. Er kann sich nicht von seiner Vorstellung freimachen, wie es seiner Meinung nach hätte sein sollen. Noch Stunden später ärgert er sich grün und blau über den vermeintlichen Regelverstoß des anderen und erkennt nicht, dass dieser allein aus Mitgefühl handelte. Mit seinen Gedanken ist er zudem die ganze Zeit in der Vergangenheit und nicht im Hier und Jetzt. Denn im Hier und Jetzt ist alles friedvoll und es gibt keinen Grund für Groll.

Der Mönch ärgert sich, weil er erstens zwischen richtigem und falschem Verhalten unterscheidet und zweitens, weil er stundenlang auf seiner Meinung beharrt, statt das Ereignis loszulassen. Kein Wunder, dass er nicht gelassen sein kann.

Nicht zu unterscheiden ist natürlich leichter gesagt als getan. Denn wir alle sind darauf programmiert, sofort alles Mögliche zu unterscheiden, zu analysieren und in Denkschubladen zu stecken. Das macht unser Gehirn ganz automatisch. Und wir haben ja auch bereits gesehen, warum das auch gut und manchmal überlebenswichtig ist, man denke nur an die Unterscheidung zwischen einer grünen und einer roten Ampel.

Auf einer Ebene sind die Dinge und die Menschen also durchaus sehr verschieden, auf einer anderen aber nicht. Wenn Zen-Meister von dem Moment ihres Erwachens erzählen, dann berichten sie oft von der blitzartigen Erkenntnis, dass in Wahrheit alles miteinander verbunden und nichts voneinander getrennt ist: Alles ist eins. Nach ihrem Verständnis ist es eine Illusion zu glauben, dass man als Mensch von anderen Menschen, der Welt und den Dingen um einen herum getrennt ist.

Die Buddhisten sprechen in diesem Zusammenhang auch von Nondualismus. Was die Sache wirklich schwer zu verstehen macht, ist der Glaube, dass alles sowohl getrennt als auch *zugleich* eins ist. Beides stimmt. So paradox es auch klingen mag. Es ist wie mit den zwei Seiten einer Münze: Sie sehen zwar völlig unterschiedlich aus, gehören aber zu ein und derselben Münze.

Und die Vorstellung, dass alles eins ist, ist auch aus wissenschaftlicher Sicht gar nicht mal so weit hergeholt, wenn man sich die Entstehung des Universums vor Augen führt. Beim Urknall vor knapp fünfzehn Milliarden Jahren war die ge-

samte Materie, aus der sich alles Heutige zusammensetzt – all die Milliarden von Galaxien, Sternen und Planeten, die Erde und alles, was sich auf ihr befindet, einschließlich Menschen und Katzen –, auf einer winzigen Fläche, kleiner als eine Nadelspitze, zusammengeballt. Alle Materie dieser Welt hat also denselben Ursprung. Aus dieser Perspektive besteht tatsächlich kein Unterschied zwischen den Dingen und den Menschen.

Nach buddhistischem Verständnis sind wir Menschen auch deshalb gleich, weil wir alle über den Buddha-Geist verfügen. Damit ist gemeint, dass es in uns einen Bewusstseinsraum gibt, in dem immer vollkommene Liebe, strahlende Freude und absoluter Friede herrschen. Er ist jederzeit in uns vorhanden und stellt unseren eigentlichen Wesenskern dar. Deswegen unterscheiden Zen-Meister auch nicht zwischen einzelnen Menschen, sondern behandeln alle gleich. Das zeigt folgende Anekdote von Zen-Meister Joshu:

**N**eue Besucher kommen im Kloster an.
Bei ihrer Begrüßung fragt Meister Joshu einen
der Mönche: »Warst du schon einmal hier?«
»Ja«, antwortet der Mönch.
»Trink eine Tasse Tee«, sagt Joshu. Dann
wendet er sich an einen anderen Neuan-
kömmling: »Warst du schon einmal hier?«
»Nein, Meister«, antwortet der Besucher, »das
ist mein erster Aufenthalt hier.«
Joshu: »Trink eine Tasse Tee.«
Aufgeregt fragt der Mönchsvorsteher daraufhin
Joshu: »Meister, einer der Mönche war schon
einmal hier, und Ihr botet ihm eine Tasse Tee
an. Der andere Mönch war noch nicht hier,
und auch ihm botet Ihr eine Tasse Tee an.
Was hat das zu bedeuten?«
Joshu erhebt seine Stimme: »Mönchsvorsteher!«
»Ja, Meister?«
»Trink eine Tasse Tee!«

## ENDE

# GELASSEN MIT DEINEN MITMENSCHEN UMGEHEN

Was hältst du davon, von Zeit zu Zeit allen
Menschen auf die gleiche Weise zu begegnen?
Ich vermute nämlich mal, dass du das
normalerweise eher nicht machst: Einige
sind dir sympathischer als andere, einige stehen
dir näher als andere, und manche magst du gar
nicht. Das ist ganz normal. Im Alltag macht man sein
Verhalten abhängig vom jeweiligen Gegenüber –
es sei denn, man ist zufällig ein erleuchteter
Zen-Meister wie Joshu.
Gelegentlich ist es aber gut, diese Gewohnheit
zu durchbrechen und zu versuchen, allen gleich
zu begegnen. Und mit gleich meine ich gleich
positiv. Mit derselben Offenheit, Freundlichkeit und
demselben Mitgefühl. Nimm dir dazu morgens
bewusst vor, zwischen allen Menschen, die dir
an diesem Tag über den Weg laufen –
Arbeitskollegen, Freunden, Nachbarn, Passanten,
Sitznachbarn im Zug –, nicht zu unterscheiden,
sondern allen mit derselben positiven Einstellung

zu begegnen. Dabei ist es hilfreich, sich vorzustellen, dass jeder Mensch, den du an diesem Tag triffst, ein alter Freund von dir ist. Wenn du mit dieser Einstellung durch den Tag gehst, kannst du mit allen Menschen wirklich gelassen umgehen. Denn du machst dein Verhalten nicht mehr davon abhängig, wie du zu jemandem stehst. Du lässt alle einfach so sein, wie sie eben sind. Dieses So-sein-Lassen ist einer der Schlüssel für wahre Gelassenheit. Manchmal ist es vielleicht ein wenig schwer, beispielsweise bei unhöflichen oder nervigen Zeitgenossen. Aber keine Sorge, du schaffst das. Sie sind deine besten Lehrmeister.

Indem dir alle deine Mitmenschen gleich willkommen sind, drückst du in deinem Verhalten die Wahrheit aus, dass alle Menschen im Kern gleich sind. Du wirst erstaunt sein, wie freudig und schön der Alltag auf diese einfache Weise wird. Versuch solche Tage immer öfter einzulegen.

Vielleicht gelingt es dir ja, sie zu deinem Grundzustand werden zu lassen. Es lohnt sich!

Auch Herr Paul unterschied nicht zwischen den Menschen, die uns besuchten. Wie Meister Joshu begegnete er allen auf die gleiche Art und Weise: offen, mit einer ihm eigenen Mischung aus Neugierde und Zurückhaltung. Er begrüßte alle mit demselben Ritual. Erst ging er auf sie zu und umstrich ihre Beine. Bekam er hierfür ein wenig Aufmerksamkeit, etwa eine Streicheleinheit, dann blieb er noch ein wenig in ihrer Nähe, ansonsten zog er sich nach einer Weile dezent zurück.

Egal, ob es Freunde von mir waren, eine Bekannte, die ihr unruhiges Baby im Schlepptau hatte, oder meine Schwester, die mit ihren aufgedrehten Freundinnen einen Spontanbesuch machte. Alle wurden gelassen mit derselben nicht unterscheidenden und nicht bewertenden Offenheit begrüßt. Herrn Pauls Fähigkeit, nicht zu unterscheiden, war offensichtlich so groß, dass er von oberflächlichen Attributen wie Alter oder Geschlecht absah und dem Menschen als solchem begegnete. Wie Meister Joshu drang Herr Paul also ohne Umschweife direkt zum Kern des Menschen vor, als wüsste er intuitiv, dass hier Unterschiede nicht wirklich existieren.

# 9. Weisheit
## Still sein wie ein Fellknäuel

*I*ch wusste schon lange, dass Katzen stille Tiere sind. Bevor aber Herr Paul in mein Leben trat, wusste ich nicht, *wie* still sie sind. Manchmal verbrachte ich den ganzen Tag mit Herrn  Paul im selben Zimmer und bemerkte seine Anwesenheit so gut wie gar nicht. Er schlief viel, bewegte sich lautlos und gab auch sonst nur wenige Töne von sich.

Mit der Zeit lernte ich von Herrn Paul, dass sich das Repertoire von Katzenlauten hauptsächlich auf drei beschränkt: Schnurren, Fauchen und Miauen. Katzen schnurren, wenn sie sich wohlfühlen, wie jeder weiß. Herr Paul tat es ausgiebig, wenn er auf meinem Schoß lag und ich ihn kraulte. Manchmal lag er auch alleine auf dem Sofa und schnurrte vor sich hin. Das mochte ich besonders, da ich dann wusste, dass es ihm gut geht. Mich faszinierte, dass Katzen mit dem Schnurren über ein Mittel verfügen, mit dem sie ganz klar und ohne Worte zum Ausdruck bringen können, dass die Welt für sie in Ordnung ist. Und das ganz von allein wie ein Motor anspringt, wenn sie ihre Umgebung als behaglich empfinden. So was bräuchten auch wir Menschen, dachte ich häufig.

Das Fauchen kam bei Herrn Paul zum Einsatz, wenn der Garten gegen andere Katzen verteidigt werden musste. Manchmal war es aber auch gegen mich gerichtet. Und zwar immer dann, wenn ein Besuch beim Tierarzt anstand und er in die Transportbox verfrachtet werden sollte. Herr Paul hasste diese Box! Also wurde ich ausgiebig angefaucht, wenn er merkte, was ich mit ihm vorhatte. Ich hatte dabei immer den Eindruck, dass sein Fauchen irgendwie merkwürdig klang: ein bisschen hohl und kraftlos. Vielleicht lag es daran, dass er nur noch drei Zähne hatte.

Das Miauen war bei Herrn Paul, wie schon erwähnt, eine lautlose Angelegenheit: Seine kleine Schnauze mit den drei Zähnen öffnete sich zwar, aber in der Regel kam kein Ton heraus. Damit war er also sogar noch leiser als normale Katzen, die immerhin gelegentlich, beispielsweise wenn sie hungrig sind und am Fressnapf um Nachschub betteln, lautstark miauen.

Herr Paul war also wirklich ein äußerst stiller Zeitgenosse. Und das gilt auch für andere Katzen, selbst wenn sie etwas lauter miauen. Sie geben nicht nur wenige Laute von sich, ihr ganzes Wesen ist von Stille geprägt. Die physische Lautlosigkeit, die sich in eleganten, geschmeidigen Bewegungen ausdrückt, ist charakteristisch für sie. Man könnte sagen, Katzen sind außen wie innen still – und damit die Verkörperung von Stille überhaupt. Das macht sie in meinen Augen zu wahrhaften Buddha-Tieren. Denn wenn ich

an Buddha denke, dann habe ich vor allem das Bild von Stille vor meinen Augen. Er sitzt ruhig da, in tiefer meditativer Versenkung, und auch sein Geist scheint erfüllt von einer heiteren, friedvollen Stille zu sein. Also wie bei den Katzen: Stille innen wie außen.

Äußere Stille kennt jeder: die Abwesenheit von Geräuschen, etwa wenn man nachts im Bett liegt, die Wohnung ist ruhig und von draußen dringt kein Lärm hinein. Sie wird heute immer seltener, vor allem, wenn man in der Stadt wohnt. Da hört man selbst nachts meist noch Straßenlärm und andere Geräusche. In der Natur lässt sie sich viel leichter erfahren.

Innere Stille, also die Stille in uns, ist dagegen nicht von der äußeren Stille abhängig: Es kann in uns auch still sein, wenn es außen laut zugeht. Etwa zur Rushhour in der Stadt. Oder in der Hektik der Weihnachtseinkäufe. Aber eine ruhige Umgebung hilft eindeutig, wenn wir innerlich still werden wollen. Viele Menschen flüchten sich nach der Arbeit, am Wochenende und im Urlaub deshalb in die Natur. Die Stille lädt ein runterzukommen, abzuschalten und ebenso still zu werden wie die Umgebung.

In einer Welt, die immer schneller, hektischer und lauter wird, sehnen sich viele Menschen nach Stille und versuchen sie auf allen möglichen Wegen zu erreichen, seien es Yoga-Kurse, Entspannungs-Apps, Schweige-Retreats oder tibetische Klangschalen. Das Angebot ist groß. Und vieles hilft auch. Aber eigentlich braucht es gar nicht so viel, um still zu werden, denn:

 **Die Stille ist in uns. Wenn wir wissen, wo wir sie finden, können wir überall und jederzeit still werden und tiefe innere Ruhe erfahren.**

Stille ist nichts, was von uns getrennt ist, nichts, was man suchen müsste, was außerhalb von uns liegt. Um Stille zu erleben, muss man nichts Bestimmtes machen. Sie ist da. Immer. Und jederzeit verfügbar. Ja, sie wartet sogar nur darauf, dass wir uns auf sie besinnen und uns mit ihr vereinen. Denn die Stille ist nicht nur für Katzen charakteristisch, sie gehört auch zu unserer eigenen Wesensnatur. Katzen haben es einfach nur besser raus mit dem Stillsein. Wenn wir also still werden, indem wir uns mit der Stille in uns verbinden, dann ist das wie eine Heimkehr zu uns selbst. Wir drücken aus, was wir wirklich sind. Und das fühlt sich unheimlich gut an.

Die Stille in uns hat zwei Aspekte: Sie hängt mit unseren Gedanken und unseren Gefühlen zusammen. Wir können nicht still sein, wenn in unserem Kopf Chaos herrscht und die Gedanken wild darin umherrasen. Genauso wenig können wir still sein, wenn wir von Gefühlen aufgewühlt werden. Stille herrscht, wenn Gedanken und Gefühle zur Ruhe kommen. Das ist wie bei einem Sturm auf dem Meer: Die See ist rau, die Wellen schlagen hoch und türmen sich gewaltig, doch dann verebbt der Sturm und eine Flaute kommt auf. Das Wasser beruhigt sich, die Wogen werden kleiner, bis sie schließlich ganz verschwinden. Das Meer wird spiegelglatt – und still. So ist es mit der Stille in uns.

Gedankliche Stille ist da, wo ein Gedanke aufhört und der nächste noch nicht begonnen hat. In diesem Raum zwischen den Gedanken ist sie zu finden. Die Gedanken steigen aus der Stille empor wie Luftblasen im Wasser – blubb, blubb. Die Stille bildet dabei den Hintergrund der Gedanken. Oder wie in der Musik: Wenn man sich ein Notenblatt anschaut, sieht man schwarze Noten auf weißem Hintergrund. Das Weiß ist die Stille zwischen den einzelnen Tönen. Wenn sie nicht wäre, könnte man die Töne nicht hören. Ohne Stille keine Musik. Es braucht die Leere, das heißt die Abwesenheit von etwas, damit sie gefüllt werden kann: entweder durch einen Ton, eine Farbe oder eben einen Gedanken.

Die Stille in unserem Kopf ist wie das weiße Notenblatt der leere Hintergrund, der es erst ermöglicht, dass ein Gedanke Form annimmt und in unserem Bewusstsein auftaucht. Dabei ist die Stille immer da. Eben weil sie immer da ist, nannte sie der christliche Mystiker Meister Eckhart auch den »Urgrund«: Von hier geht alles aus, und hierhin kommt alles zurück. Sie ist der eigentliche Ursprung von uns. Zen-Meister Bankei bezeichnete sie dagegen als das »Ungeborene«. Das soll zeigen, dass die Stille in uns, also die von Gedanken ungetrübte Geistesdimension, die unser eigentlicher Wesenskern ist, nicht der Zeit unterworfen ist. Hier gibt es kein Vorher und Nachher, sondern nur ein immerwährendes, ewiges Jetzt.

Neben der Stille der Gedanken gibt es auch die Stille der Gefühle. Sie zeichnet sich durch die Abwesenheit von aufrüttelnden, leidenschaftlichen Emotionen aus, stattdessen fühlt man sich ruhig, gesammelt und entspannt. Wahre Stille lässt sich nur erreichen, wenn sowohl die Gedanken als auch die Gefühle zur Ruhe kommen. Dabei hängt das eine mit dem anderen zusammen, denn Gedanken und Gefühle sind in uns untrennbar miteinander verbunden. Sie gehen auseinander hervor und beeinflussen sich gegenseitig.

Wenn man zum Beispiel an einen anstehenden Arztbesuch oder die Deadline des nächsten Projekts bei der Arbeit denkt, die kaum zu schaffen ist, kommen bald schon Gefühle der ängstlichen Ablehnung in uns auf. Oder man denkt an den Besuch einer guten Freundin, die man schon lange nicht mehr gesehen hat, dann dauert es nicht lange, bis sich Gefühle der freudigen Erwartung in uns breitmachen. Andersherum können unsere Gefühle auch unsere Gedanken beeinflussen. Zum Beispiel können wir uns wütend fühlen, weil es zu einer hitzigen Auseinandersetzung kommt, bei der ordentlich die Fetzen fliegen, und schon geht in unserem Kopf ein wilder Gedankenstrom los: »Was ist das nur für ein blöder Idiot! Das ist doch völliger Schwachsinn, was der von sich gibt!« Und so weiter und so fort.

Jetzt wissen wir also, was innere Stille ist – aber wie lässt sie sich erreichen? Wie werden wir still, wenn es laut in uns hergeht? Die Antwort ist:

> **Wir können still werden,**
> **indem wir aufreibende**
> **Gedanken und Gefühle loslassen**
> **und uns direkt mit der**
> **Stille in uns verbinden.**

Still sein wie ein Fellknäuel

Beim Loslassen hilft Achtsamkeit. Zur Erinnerung: Achtsam zu sein bedeutet, dass man seine Gedanken und Gefühle beobachtet, ohne sie zu bewerten. Wenn Gedanken aufsteigen, lässt man sie aufsteigen, wenn sie da sind, lässt man sie da sein, und wenn sie gehen, lässt man sie gehen. Das Ziel dabei ist, sich nicht in ihnen zu verstricken, indem man sie entweder gut oder schlecht findet oder sonst wie kategorisiert. Es geht, das haben wir ja schon in der letzten Weisheit gelernt, also darum, nicht an ihnen anzuhaften, oder andersherum gesagt: Es geht darum, sie loszulassen.

Gedanken kommen und gehen, das ist ihre Natur. Durch Achtsamkeit können wir einen Schritt zurücktreten und sie aus einer Position heraus beobachten, in der wir nicht Gefahr laufen, uns sofort mit ihnen zu identifizieren und von ihnen in einem Gedankenstrom fortgerissen zu werden.

Schon die achtsame Geisteshaltung macht uns ruhiger, da wir dem Schauspiel unserer Gedanken nicht mehr völlig machtlos ausgeliefert sind. Durch die Achtsamkeit sind wir nicht mehr der Spielball unserer Gedanken, der wie ein Ball im Meer wild von den Wellen hin und her geworfen wird. Wir werden zu einem Beobachter, der ruhig vom Strand aus das Treiben auf dem Wasser beobachtet. Diese distanzierte Beobachterposition ist die Voraussetzung, um wirklich still zu werden. Solange wir mit dem Tohuwabohu unserer Gedanken- und Gefühlsflut völlig identifiziert sind, ist das nämlich unmöglich. Wir müssen erst einen Schritt zurück machen und so ein wenig Raum zwischen uns und unsere Gedanken und Gefühle bringen. Wenn wir das geschafft haben, können wir uns mit der Stille in uns selbst verbinden.

# IN DIE STILLE TAUCHEN

Still zu werden, indem man sich mit der Stille in sich selbst verbindet, braucht etwas Übung, aber wenn man den Dreh einmal raushat, ist es nicht schwer. Wir Katzen sind Experten darin, wir leben regelrecht aus dieser Stille heraus. Doch auch du kannst das lernen! Wenn es im Alltag drunter und drüber geht und du dich nach ein wenig Stille sehnst, probier's mal mit der folgenden Übung. Sie ist katzen- und menschenerprobt. Beobachte als Erstes achtsam, was sich in deinem Kopf abspielt. Siehst du den Strom der Gedanken an dir vorüberziehen? Ein Gedanke folgt dem nächsten, und auf den ersten Blick sieht es so aus, als würden sie pausenlos deinen Kopf ausfüllen. Aber hey, das stimmt ja gar nicht! Wenn du nämlich ganz genau hinschaust, merkst du, dass es kleine Pausen zwischen den Gedanken gibt. Diese Augenblicke der Stille sind wirklich nur winzig und gehen sehr schnell vorüber. Aber sie sind da. Und das genügt, um in sie einzutauchen.

Und das geht so: Wenn du eine Pause wahrnimmst, dann lenke deine Aufmerksamkeit auf sie und gehe aktiv in die Stille zwischen den Gedanken hinein. Die Gedankenpausen sind wie Tore, die man durchschreiten kann und die einen direkt in die innere Stille führen.

Wenn du durchgegangen bist, wirst du sehen, dass es auf einmal viel ruhiger um dich herum ist. Da sind zwar immer noch Gedanken, aber der Gedankenstrom ist viel blasser und nicht mehr so wild. Und da ist auch diese geheimnisvolle Freude, die dich auf einmal friedvoll durchströmt.

Willkommen in der Stille in dir!

Sie ist deine eigentliche Heimat.

Das Eintauchen in die Pausen zwischen den Gedanken ist ein schneller und direkter Weg, um sich mit der Stille in uns zu verbinden. Das Gute daran ist, dass man es überall und jederzeit machen kann. Man braucht also nichts, außer sich selbst. Und sich selbst hat man ja meistens dabei.

**10. Weisheit**
**Lieben**

Wie bei vielen Menschen, die das Glück haben, mit geliebten Tieren zusammenzuleben, bestand zwischen Herrn Paul und mir ein besonderes Band der Nähe, Zuneigung und des Vertrauens. Das Band überwand problemlos die Grenze zwischen Mensch und Tier. Es war eigentlich ganz einfach: Ich liebte Herrn Paul, und Herr Paul liebte mich.

Diese besondere Beziehung zwischen Herrn Paul und mir zeigte sich in vielen Situationen unseres Alltags. Zum Beispiel hatten wir ein kleines Ritual, das nur wir kannten: Wenn Herr Paul auf den Arm genommen werden wollte, dann kam er auf mich zu, schaute an mir hoch und streckte dabei seine rechte Pfote nach mir aus. Das war für mich das Zeichen, ihn hochzunehmen – was ich ausnahmslos immer machte. Ich liebte es, ihn auf dem Arm zu halten. Manchmal trug ich ihn lange Zeit durch die Wohnung und verrichtete dabei alle möglichen Alltagsdinge: holte die Zeitung hinein, kochte Kaffee, schaute nach den Zimmerpflanzen. Von seiner erhobenen Warte aus beäugte Herr Paul dabei jede meiner Bewegungen aufmerksam. Gutmütig wie er war, ließ er sich von allen Menschen tragen, die er kannte, doch nur für kurze Zeit. Ich war der einzige Mensch, auf dessen Arm er sich wirklich entspannte und das Getragenwerden sichtlich genoss. Er schnurrte häufig von dem Augenblick an, in dem seine Pfoten den Boden verließen, und hörte erst wieder damit auf, wenn ich ihn absetzte.

Es gab noch andere Rituale, die nur uns verbanden. Etwa unser »Fahrstuhl-Ritual«. Das ging so: Wenn Herr Paul aufs Sofa klettern wollte, dann machte er es häufig nicht mit einem einzigen Satz, sondern stufenweise. Als Erstes setzte er die Vorderpfoten auf das Sofa und sprang erst dann mit dem restlichen Körper hinauf. War ich in der Nähe, nahm ich ihm diesen zweiten Schritt oft ab. Ich griff mit einer Hand unter seinen Bauch und hob ihn sanft nach oben. Mit der Zeit wusste Herr Paul schon vorher, dass ich ihm helfen würde, und verharrte daher länger in der Position mit den Vorderpfoten auf dem Sofa. So hatte ich mehr Zeit, ihn wie ein Fahrstuhl nach oben zu befördern.

Ich mochte dieses kleine Ritual von uns sehr, zum einen, weil ich die große Nähe zu meinem Gefährten spürte, zum anderen, weil es so abstrus war. Um das Abstruse der Situation noch zu unterstreichen, machte ich während des Hebens zusätzlich hydraulische Fahrstuhlgeräusche.

Nicht, dass ich es bewusst wahrgenommen hätte, aber die Liebe zu Herrn Paul verwandelte mich nach und nach. Bevor er bei mir einzog, fühlte ich mich reichlich orientierungslos, stolperte mit einem seltsamen Unbehagen und tiefen Selbstzweifeln durchs Leben. So geht es sicherlich vielen von uns mit Anfang zwanzig. Doch dann kam Herr Paul in mein Leben und wies mir den Weg, indem er mir das Herz öffnete. Anders kann ich es nicht sagen. Und ich bin ihm noch heute unendlich dankbar dafür. Er gab mir etwas, das man mit Gold nicht aufwiegen kann:

 **Liebe ist das ultimative Geschenk.**

Was uns Menschen oft schwerfällt, ist für Tiere anscheinend viel einfacher: zu lieben, ohne etwas im Gegenzug zu erwarten. Diese Liebe, die den anderen so nimmt, wie er ist, mit allen seinen Makeln, Gebrechen, Fehlern und Falschheiten, ist die Liebe der Heiligen und Buddhas: die pure Liebe. Sie blickt durch all unsere Schwächen hindurch, ohne sie zu verkennen oder zu leugnen, doch sie sieht das, was letztlich wirklich zählt: dass wir im Kern alle gleich sind. Egal ob Mensch oder Tier, wir sind alle für eine kurze Zeit hier auf der Erde und machen alle dieselbe Reise. In Wirklichkeit, das haben wir ja in der 8. Weisheit bereits gelernt, gibt es nach buddhistischem

Verständnis keinen Unterschied zwischen uns, wir alle – Mensch und Katze, Ameise und Wal sind eins.

Herr Paul wusste intuitiv um diese Wahrheit, wie viele seiner Artgenossen. Und er wusste nicht nur um sie, er lebte sie auch und drückte sie in seiner Liebe aus. Unbedingte, absolute Liebe ist eine mächtige Kraft. Wer immer mit ihr in Kontakt kommt, geht gewandelt daraus hervor. So war es auch bei mir. Die Traurigkeit, die Leere, die ich damals oftmals verspürte – trotz glücklicher Beziehung, einem erfüllenden Studium und vielen Freunden –, verschwanden durch Herrn Pauls Liebe nach und nach aus meinem Kopf und Herzen – und aus meinem Leben. Sein stilles, gütiges Wesen gab mir Vertrauen in die Dinge und in mich selbst, insbesondere bei größeren emotionalen Unwettern. Ich erinnere mich noch sehr gut, wie Herr Paul sich auf meinen Bauch setzte, wenn ich wieder einmal mit trüben Gedanken auf dem Sofa lag. Was dann passierte, war geradezu magisch: Er saß einfach still da, mit seinen Vorderpfoten auf meiner Brust. Erst schaute er mich eine Weile unverwandt mit seinen grünen Katzenaugen an, dann schloss er sie und schnurrte sich leise in den Schlaf. Ich spürte sein Gewicht auf mir, seinen Körper, der immer weicher wurde, und lauschte gebannt seinem Schnurren.

Ein Katzenschnurren hat etwas Hypnotisches. Wenn man ihm aufmerksam zuhört, kann es leicht passieren, dass es einen regelrecht einsaugt. Dann ist es schnell so, als gäbe es überhaupt nichts anderes mehr – die ganze Welt wird zu einem großen Schnurren. Und das ist wundervoll, denn einem Schnurren zu lauschen und darin aufzugehen ist zutiefst heilsam. Es hat die Kraft, alles gut werden zu lassen. Dieses Katzen-Om, der mächtige Feliden-Urton, vibriert in der Schwingung des größten Friedens und der reinen Glückseligkeit. Seit Katzen und Menschen zusammenleben, hat das Schnurren die Menschen glücklich gestimmt, ihre Herzen erfreut und ihre Gemüter erhellt. Dessen bin ich mir sicher. Wann immer sich Herr Paul auf mich setzte, konnte ich also gar nicht weiterhin melancholisch bleiben. Er zeigte mir mit seinem Vertrauen, seinem Schnurren und seiner Liebe, dass alles gut ist, wie es ist.

Meine weise Buddha-Katze zeigte mir, dass es keinen Grund gab für dunkle Gedanken oder dauerndes Unbehagen. Ich musste nicht die ganze Zeit an mir zweifeln. Ich war sicherlich nicht perfekt, aber wer ist das schon? Nein, ich war o.k., so wie ich war, und genau zu dieser Erkenntnis verhalf mir die bedingungslose, allumfassende Liebe von Herrn Paul.

Als mein spiritueller Lehrer ging Herr Paul auch hierbei mit gutem Beispiel voran. Er zeigte mir, dass wahrhaft lieben bedeutet, auch sich selbst in die Liebe einzuschließen. Aus buddhistischer Sicht ist das nur folgerichtig, denn hier wird ja nicht unterschieden zwischen ich und du, also kann man auch andere nicht wirklich lieben, wenn man sich selbst nicht liebt. Beides ist untrennbar miteinander verbunden.

# LIEBE DICH!

Gehörst du vielleicht auch zu den Menschen,
die andauernd mit sich selbst im Clinch liegen?
Liebst du es, dich selbst fertigzumachen, oder
bist du einfach spitze in Sachen Selbstvorwürfe?
Tja, was soll ich sagen? So was ist mir bei euch
Menschen schon oft begegnet. Ihr habt uns
Katzen zwar das Öffnen von Konservendosen
voraus, aber wenn es etwas gibt, worin ihr
einfach richtig schlecht seid, dann ist es,
liebevoll mit euch selbst umzugehen.
Und ich spreche nicht einmal von Selbstliebe.
Vielen Menschen fällt es schon schwer, sich
selbst wenigstens einigermaßen in Ordnung
zu finden. Sie tragen ein negatives Selbstbild
mit sich herum, finden sich nicht gut genug,
schön genug oder was auch immer. Daher
können sie nur unter größten Schwierigkeiten
sich selbst freundlich und mit Mitgefühl begegnen.
Dabei wäre das eigentlich ganz einfach.
Ich verrate dir jetzt etwas, von Katze zu Mensch,
das große Geheimnis der Selbstliebe: Du bist perfekt.

Absolut perfekt. So wie du bist, in diesem
Augenblick. Unendlich, unbeschreiblich,
unnachahmlich, unvergleichlich perfekt.
Du warst es schon immer, bist es jetzt und
wirst es immer sein. Du wusstest es einfach
nur nicht. Aber jetzt weißt du es.
Es gibt nicht den Hauch eines Grundes, dich
selbst nicht zu mögen. Ganz im Gegenteil,
denn du bist ein einzigartiger Ausdruck des
Universums, ein tanzender Stern, eine strahlende
Blume. Voller Mysterien, Geheimnisse und
unergründlicher, niemals endender Schönheit.
Dein Herz ist gut und voller Liebe.
Es ist so einfach, dich selbst zu lieben.
Du musst es nur zulassen.
Lasse es zu.
Jetzt.

Herr Paul liebte mich, keine Frage. Aber er liebte auch sich selbst. In seiner Katzenweisheit hatte er verstanden, dass man nur in dem Maß anderen mit Mitgefühl, Fürsorge und Liebe begegnen kann, in dem man auch sich selbst mit Mitgefühl, Fürsorge und Liebe begegnet. Also ging er achtsam mit sich um und sorgte sich liebevoll um sich.

Für mich zeigte sich das etwa in der Fellpflege. Ausgiebig leckte sich Herr Paul nach dem Essen oder einfach zwischendurch, wenn er auf dem Sofa lag, das Fell. Er achtete dabei darauf, keinen Flecken auszulassen, von den Schnurrhaaren bis zur Schwanzspitze putzte er sich sorgfältig.

An dieser Stelle würden Biologen vermutlich einwerfen, dass Fellpflege nicht so sehr mit Selbstliebe zu tun hat, sondern als Schutz vor Parasiten dient. Das stimmt sicherlich, aber es ist zugleich eben auch eine Form, sich etwas Gutes zu tun und achtsam mit sich selbst umzugehen. Herr Paul putzte sich immer mit sichtlichem Genuss das Fell, es schien ihn tiefgehend zu beruhigen, ja, es hatte geradezu etwas Meditatives. Häufig schlief er danach ein. Die Zufriedenheit, die er beim Putzen ausstrahlte, wirkte ansteckend auf mich.

Eine andere Form, sich selbst etwas Gutes zu tun, konnte ich mir direkt von Herrn Paul abschauen: sich öfter mal zu strecken. Denn wie alle Katzen dehnte sich Herr Paul erst einmal ausgiebig, wenn er nach längerem Liegen aufstand. Sein Katzenyoga ging mit dem klassischen Katzenbuckel los. Dabei machte er die Beine so lang er konnte und formte seinen Rücken zu einem O. Im Anschluss daran streckte er seine Vorderpfoten ganz weit nach vorne, reckte sein Hinterteil in die Höhe und drückte seinen Rücken durch, sodass sein Körper Ähnlichkeit mit einer Skisprungschanze annahm. Oftmals gähnte er ausgiebig dabei. Erst nachdem er sich so gestreckt hatte, trottete er gemächlich seines Weges.

Wenn sich Katzen auf diese Weise strecken, dehnen sie systematisch jeden einzelnen Muskel in ihrem Körper. So sind sie körperlich sofort fit und auf der Höhe, selbst wenn sie zuvor viele Stunden gelegen haben. Wie die Fellpflege erfüllt das Katzenyoga also eine praktische Funktion. Doch auch hier ist es damit eben nicht getan, denn offensichtlich fühlte es sich für Herrn Paul zugleich wahnsinnig gut an, sich zu strecken. Nicht selten streckte er sich auch auf dem Boden und machte auf dem Rücken und in der Seitenlage die verrücktesten Verrenkungen. Dann fragte ich mich manchmal, ob er ein wenig den Verstand verloren haben könnte. Vor allem aber musste ich lächeln. Für ihn war es

die pure Freude, sich zu strecken, für mich, ihm dabei zu-
zuschauen.

Ich folgte dem Beispiel meines weisen Katzengurus und
achtete bewusst darauf, mich öfter zu strecken und zu dehnen.

Wenn ich am Schreibtisch arbeitete, legte ich beispielsweise
häufiger Pausen ein, in denen ich aufstand und mich nach
Lust und Laune in die Länge zog. Ich erinnerte mich daran, dass ich als Kind problemlos einen Spagat hatte machen
können. Sogar aus dem Stand heraus, ohne mich vorher auf-
zuwärmen. Ich probierte es aus: völlig erfolglos – ich schaffte
es gerade noch in den Fünfundvierzig-Grad-Winkel. Mein
Ehrgeiz war geweckt, und ich übte so lange, bis ich wieder
einen hinbekam. Das dauerte eine ganze Weile. Mit der Zeit
konnte ich jedoch bequem im Spagat sitzen und fing an, in
dieser Haltung zu meditieren. Das ging erstaunlich gut.

# KATZENYOGA

Wir Katzen sind Weltmeister im Strecken.
Denn wir wissen einfach, das tut gut!
Bei uns gibt es kein längeres Schlafen, Liegen
oder Dösen, ohne dass wir uns anschließend
ausgiebig und herzhaft dehnen. Was hältst
du davon, das auch öfter mal zu machen?
Das wird dir guttun, großes Katzenehrenwort.

Insbesondere wenn du längere Zeit am Schreibtisch
sitzt oder einer anderen Tätigkeit nachgehst,
die den Körper eher einseitig beansprucht,
ist es einfach Gold wert, von Zeit zu Zeit eine
Pause einzulegen und es wie wir Katzen zu machen:
Streck dich, dehn dich, zieh dich in die Länge!

Im Sitzen oder im Stehen, wie du möchtest.
Ich werde dir hier jetzt keine konkrete Anleitung
geben, wie du dich richtig zu strecken hast,
denn das weißt du selbst am besten. Folge
einfach deinem Gefühl, streck die Arme von dir,
mach dich so lang, wie du kannst, ohne irgendwas
zu erzwingen. Und vor allem: Genieß es!
Strecken ist schön. Du kannst auch gerne dabei
gähnen! Das machen wir Katzen auch. Und es
tut dem Körper so gut: Die Muskeln werden gedehnt,
der Blutfluss angeregt, frischer Sauerstoff kommt
in die Zellen. So löst du ganz einfach körperliche
und geistige Energieblockaden und fühlst dich
wieder frisch und munter. Probier es!

Sich öfter mal zu strecken ist nur eine der vielen schlichten und doch tiefsinnigen Weisheiten meines Buddhas auf Samtpfoten.

Ohne dass ich es merkte, verschwand so ganz nebenbei die große Leere, die ich so oft in mir verspürt hatte. Wo Leere gewesen war, zog Liebe ein und erfüllte mich mit Sinn. Herrn Pauls letzte und tiefste Weisheit war genau diese Einsicht: Am Ende geht es im Leben darum, zu lieben. Wer nur liebt, richtig liebt, also selbstlos um der Liebe willen, und diese Liebe allen Wesen schenkt, die ihm begegnen, der kann gar nicht anders, als glücklich und zutiefst erfüllt durchs Leben zu gehen.

Herr Paul machte es mir vor. Und ich gehe ihm nach, so gut ich kann. Bis heute.

# Die Katzenreise geht weiter

Herr Paul lief mir im Frühjahr 2004 zu. Neun Jahre beglei-
tete er mich durch mein Leben und war dabei ein immer-
während Pol der Ruhe und Kraft. Wenn ich mich glücklich fühlte, dann teilte ich dieses Glück mit ihm. Wenn es
mir schlecht ging, dann wandte er seine geheimnisvollen
Katzensuperkräfte an und heiterte mich auf. Wie ich mich
auch fühlte, Herr Paul war da. Rückblickend betrachtet war
er einfach ein Teil meines Lebens, den ich nicht hinterfragte.
Seine Anwesenheit fühlte sich für mich so selbstverständlich an wie die Sonne, die am Morgen auf- und am Abend
untergeht. Dabei war er mir mehr als ein Freund.

Herr Paul war um die zehn Jahre alt, als wir uns zum ersten
Mal begegneten. Ab ungefähr diesem Alter gelten Katzen als
Senioren. Er war also schon relativ betagt, als wir anfingen, ge-
meinsam durchs Leben zu gehen. Und natürlich wurde er mit
der Zeit nicht jünger. Die Jahre vergingen, und ich merkte,
dass Herr Paul immer länger schlief, sich mehr graue Haare
in sein Fell schlichen und er immer dünner wurde. Aber sein
Wesen änderte sich nicht. Herr Paul wurde nur ruhiger und
schien mehr Freude daran zu haben, die entspannten Seiten
des Katzendaseins auszuleben. Man fand ihn vor allem auf seinem Sessel dösend vor oder auf der Fensterbank, in der Sonne.

Als er auf die zwanzig zuging und nach Katzenmaßstäben also wirklich sehr, sehr alt war, rechnete ich natürlich damit, dass er früher oder später nicht mehr da sein würde. Man wird geboren, lebt und stirbt, das ist der Lauf der Dinge, der sowohl für Menschen als auch für Katzen gilt. In den letzten Monaten vor seinem Tod war Herrn Paul auch anzumerken, dass es jetzt bald so weit sein würde. Er schien mir geradezu lebenssatt zu sein; er war steinalt geworden, hatte alles gemacht, was man als Katze machen kann, seine weisen Katzenaugen hatten alles Wichtige gesehen. Kurz: Er war bereit. Bereit für den nächsten Schritt auf einer langen Katzenreise.

Letztlich war die Situation, als er ging, ganz ähnlich wie die, als er gekommen war, als wir uns das erste Mal an der Treppe getroffen hatten. Auch war ich gerade nach Hause gekommen. Bei seinem Tod war das ähnlich: Ich kam nach Hause, stellte das Auto ab, schloss die Tür auf und fand ihn leblos auf dem Boden liegend vor. Ich beugte mich zu ihm hinab. Herr Paul war tot.

Natürlich war ich traurig, aber nicht sonderlich. Ich hatte mich ja lange auf seinen Tod vorbereiten können. Was mich erstaunte, waren die Gefühle, die sein Tod stattdessen in mir auslöste. Neben einem leichten Schmerz über seine Abwesenheit und einem Gefühl der Leere waren da vor allem Dankbarkeit und Glück. Ich war und bin ihm so unendlich dankbar – und bin es auch noch heute –, dass er mich so lange durch mein Leben begleitet hat und mich so großzügig an seinem stillen, gütigen Wesen und seiner großen Katzenweisheit hat teilhaben lassen. Ich war dem Universum dankbar, denn es war so nett, die Weichen so zu stellen, dass sich unsere Wege kreuzten. Und ich war glücklich darüber, dass Herr Paul sein Leben hier auf der Erde so gut zu Ende gebracht hatte. Seine Weisheit hatte ihn sicher durch ein langes, glückliches Katzenleben getragen, das nun vollendet war. Wo er auch war und was er auch machte, in der Menschenwelt hat er viel Liebe verbreitet. Ich glaube, mehr kann man nicht tun – als Katze nicht und auch als Mensch nicht.

Danke, lieber Herr Paul.

## Über den Autor

Dr. Pascal Akira Frank, geboren 1981 in Erbach im Odenwald, beschäftigt sich seit vielen Jahren mit östlicher Spiritualität. Schon früh lernte er Japan, das Heimatland seiner Mutter, kennen und verbrachte einen Teil seiner Kindheit und Jugend in Chigasaki. Der Autor mag Katzen, schwarzen Kaffee und mußevolle Stunden des Nichtstuns. Im Grunde wünscht er jedem von uns einen Herrn Paul, der uns die Welt anders erfahren lässt – achtsamer, freundlicher, genügsamer, zufriedener.

# Unsere Leseempfehlung

144 Seiten
Auch als E-Book
erhältlich

Superschnell, superleicht, klappt garantiert! Dieses Buch ist für alle, die bisher der Meinung waren, Meditation sei schwer, langwierig und mit körperlichen Schmerzen verbunden. Pascal Akira Frank, selbst Autodidakt und Genussmeditierender, hat den idealen Ratgeber für alle Lotossitz-Gefrusteten geschrieben. Wirksame Übungen und praxiserprobte Tricks helfen, die häufigsten Probleme wie Gedankenwandern, Müdigkeit oder Motivationsdurststrecken zu überwinden. Für Anfänger und Fortgeschrittene.

# Unsere Leseempfehlung

160 Seiten
Auch als E-Book
erhältlich

Als Kenso, der Mönch, die Bekanntschaft des freundlichen Herrn macht, hat er gerade alles hinter sich gelassen: das weltberühmte Bergkloster, den hohen Rang, seine Schüler, die Novizen und Mönche, die er unterwies in der Lehre der Authentizität. Ein fremdes Gefühl hatte ihn von dort fortgetrieben und nun war er hier, in der Stadt, in einer Bar. Kenso entschließt sich, zunächst einmal zu bleiben und sich den Fragen der Menschen zu widmen. So entspinnen sich wunderbar weise Dialoge über die wahre Liebe, das Geschenk der Vergänglichkeit oder ein wahrhaft authentisches Leben.

www.goldmann-verlag.de
www.facebook.com/goldmannverlag

# Unsere Leseempfehlung

112 Seiten
Auch als E-Book
erhältlich

Dürfen wir vorstellen: Scottï. Erleuchtungsgrad: vier von vier Pfoten. Beruf: kuschliger Hundeguru und treuer Gefährte von seinem Herrchen Gilles, einem durchgetakteten, überreizten Endvierziger. Fast ein wenig neidisch schaut Gilles auf die Unbekümmertheit und Spielfreude, die vorbehaltlose Liebe und die tiefe Ruhe seines kleinen tierischen Freundes. Eines Tages begreift er, dass Scottï sehr viel mehr ist als ein gewöhnlicher Cockerspaniel – und beschließt sein Herz zu öffnen für die Glückslektionen seines weisen Begleiters. Die Königsdisziplinen: wahre Hingabe, Gelassenheit und Dankbarkeit.

www.goldmann-verlag.de
www.facebook.com/goldmannverlag